講談社選書メチエ
785

中華を生んだ遊牧民

鮮卑拓跋の歴史

松下憲一

MÉTIER

目次

はじめに——分裂と夷狄・胡族の中国史 9

第一章 拓跋部の故郷——遊牧と伝説 15
1 鮮卑の登場 16
2 『魏書』序紀の歴史観 27
3 大鮮卑山を探せ！——嘎仙洞の発見 31

第二章 部族を集めろ——「代国」の時代 43
1 神元帝の拓跋国家 44
2 西晋と代国の成立 52
3 昭成帝の改革 58

第三章 部族を再編せよ——北魏の成立 69

オルドス地方を流れる黄河。内モンゴル自治区トクト県。著者撮影

1 代王から魏皇帝へ 70
2 部族解散か再編か――中華か遊牧か 89
3 「大代」と「大魏」――二つの国号 95

第四章 中華の半分を手に――胡漢二重体制 103
1 太武帝の華北統一 104
2 「国史事件」が暴いたもの 113
3 仏教と雲崗石窟 119
4 文成帝南巡碑をよむ 128

第五章 中華の中心へ――孝文帝の「漢化」 133
1 文明太后の政治 134
2 胡俗消滅？ 142
3 平城から洛陽へ 155

第六章 胡漢融合への模索 167

繁栄と分裂
1 洛陽へタイムスリップ 168
2 遥かなる六鎮 175
3 六鎮の乱 181
4 霊太后の政治と東西分裂 187

第七章 誕生！ 新たな中華 —— 195

隋唐帝国の拓跋
1 手を垂れると膝を過ぐ 196
2 レビレートの系譜 204
3 煬帝の宮廷料理 211
4 唐の「宮楽図」 215
5 拓跋部のゆくえ 224

おわりに——なぜ中華文明は滅びないのか —— 228

あとがき 231
参考文献 234
索引 243

世界遺産・雲岡石窟。山西省大同市。

拓跋部 関連略年表

西暦	事　項
250頃	拓跋力微（神元帝）、内モンゴル南部にて部族国家をきずく。
304	匈奴劉淵が漢王に即位。五胡十六国時代のはじまり。
310	拓跋猗盧（穆帝）、西晋懐帝より大単于・代公に封じられ、句注陘以北の地をもらい、10万家をうつす。
315	拓跋猗盧（穆帝）、西晋愍帝より代王に封じられる。代国成立。
316	西晋の愍帝が匈奴劉曜に殺され滅亡。
318	江南で司馬睿が帝位につく（元帝、東晋成立）。
338	拓跋什翼犍（昭成帝）、代王に即位。
376	前秦が代国を滅ぼし、華北を統一。
383	前秦、淝水の戦いで東晋に敗れる。
386	拓跋珪、代王に即位（19歳）。ついで魏王と改称（北魏の建国）。
395	参合陂の戦いで北魏が後燕に大勝。
398	拓跋珪、帝位につく（道武帝）。
409	道武帝、次子紹に殺され（39歳）、長子嗣が紹を殺して即位（明元帝、18歳）。
420	東晋の恭帝、劉裕に譲位（南朝宋の成立）。
423	明元帝、赤城から五原まで長城を建設。明元帝、死去（32歳）。太武帝（拓跋燾）、即位（15歳）。
439	北魏の太武帝、北涼を滅ぼし、五胡十六国おわる。
443	烏洛侯国の使者が来朝し、太武帝は李敞を派遣して石室にて祖先を祭り、祝文を壁に刻む（嘎仙洞碑文）。
445	長安で蓋呉の乱がおこる。
446	太武帝、廃仏の詔を出す。太武帝、長城をきずく（畿上塞囲）。
450	崔浩が国史事件により処刑される。
452	太武帝が宦官宗愛に殺され（45歳）、南安王余が即位するも宗愛に殺される。嫡孫濬が即位（文成帝、13歳）、宗愛を殺す。
461	文成帝、霊丘の南に南巡碑を建てる（北魏文成帝南巡碑）。
465	文成帝、死去（26歳）。献文帝（拓跋弘）が即位（12歳）
466	文明太后、丞相乙渾を誅殺し、実権を掌握（第一次臨朝称制）。
467	北魏、淮北を領有。孝文帝（拓跋宏）が誕生。文明太后、養育にあたる。
471	献文帝、孝文帝に譲位（5歳）し、太上皇帝となる。
476	文明太后、献文帝を毒殺（23歳）、実権を掌握（第二次臨朝称制）。

484	俸禄制を施行。
485	均田法の発布。
486	三長制の施行。
488	部大人制の廃止。
490	文明太后、死去（49歳）。
493	孝文帝、洛陽遷都を決定。
494	官僚・后妃の胡服着用の禁止。
495	姓族詳定を行う。朝廷内における胡語の使用禁止。
496	胡姓を漢姓に改める。
499	孝文帝、南征中に死去（33歳）、宣武帝（元恪）が即位（17歳）。
515	宣武帝、死去（33歳）。孝明帝（元詡）、即位（6歳）。霊太后が実権を掌握。
519	羽林の変おこる。
523	六鎮の乱おこる。
528	霊太后、孝明帝を殺す（19歳）。爾朱栄、孝荘帝（元子攸、22歳）を擁立し、霊太后一派を殺す（河陰の変）。
530	孝荘帝、爾朱栄を殺す。爾朱兆、孝荘帝を殺す（24歳）。
531	爾朱氏、前廃帝（節閔帝元恭、35歳）を擁立。高歓、爾朱氏に背き、後廃帝（元朗、20歳）を擁立。
532	高歓、爾朱氏を討ち、北魏の実権を掌握。節閔帝と後廃帝を廃し、孝武帝（元脩、23歳）を擁立。
534	孝武帝、長安の宇文泰のもとへ逃亡。高歓、孝静帝（元善見、12歳）を擁立し、鄴に遷都（東魏の成立）。宇文泰、孝武帝を殺す（25歳）。
535	宇文泰、文帝（元宝炬、28歳）を擁立（西魏の成立）。
550	東魏の孝静帝が高洋（文宣帝、21歳）に禅譲（北斉の成立）。西魏、二十四軍制を定める。
554	西魏、江陵をおとし、捕虜を長安に連行。
557	西魏の恭帝（拓跋廓、20歳）が宇文覚（孝閔帝、15歳）に禅譲（北周の建国）。
577	北周の武帝（宇文邕）、鄴をおとし北斉を滅ぼし、華北を統一。
581	北周の静帝（宇文衍）、楊堅（文帝）に禅譲（隋の成立）。
589	隋が建康を攻略し、陳の後主（陳叔宝）をとらえ中華を統一する。
618	隋の煬帝（楊広）、江都で殺される（50歳）。隋の恭帝（楊侑）が李淵（高祖）に禅譲（唐の成立）。

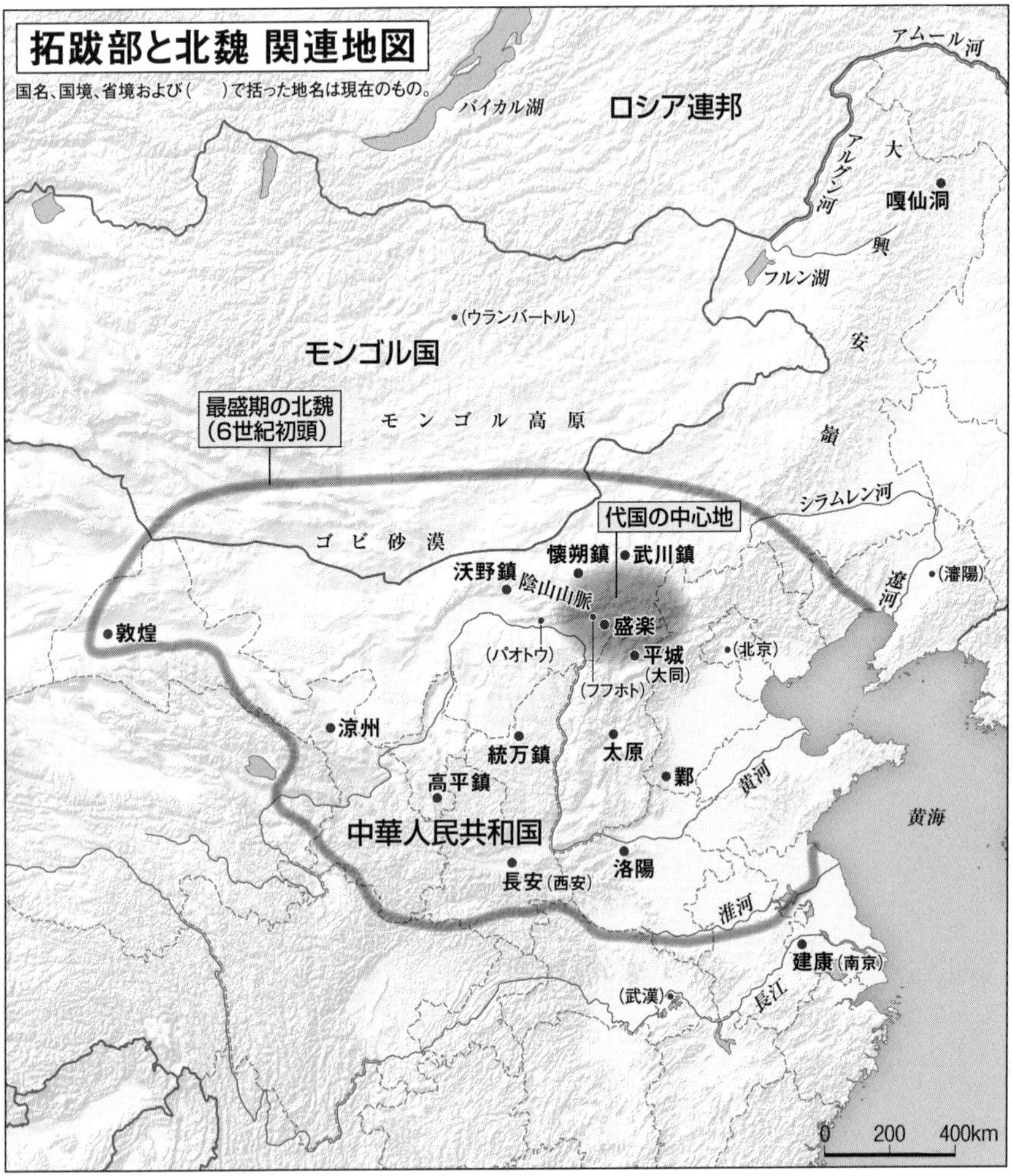

拓跋部と北魏 関連地図
国名、国境、省境および(　　)で括った地名は現在のもの。
バイカル湖
ロシア連邦
アムール河
アルグン河
大
興
安
嶺
嘎仙洞
フルン湖
(ウランバートル)
モンゴル国
最盛期の北魏
(6世紀初頭)
モンゴル高原
シラムレン河
代国の中心地
ゴビ砂漠
懐朔鎮
武川鎮
沃野鎮
陰山山脈
遼河
(瀋陽)
敦煌
盛楽
平城
(大同)
(北京)
(パオトウ)
(フフホト)
涼州
統万鎮
太原
高平鎮
鄴
黄河
黄海
中華人民共和国
洛陽
長安(西安)
淮河
建康(南京)
(武漢)
長江
0
200
400km

はじめに――分裂と夷狄・胡族の中国史

ここ十年来、習近平《しゅうきんぺい》体制の中国では「中華民族の偉大な復興」がスローガンとして掲げられ、ことあるごとにメディアにも登場してきた。

たとえば、二〇二二年二月、中国・北京で開催された冬季オリンピックを思い出してみよう。この大会で日本は史上最多のメダルを獲得し、コロナ禍に沈んだ人々に希望をあたえた。その一方で、二〇〇八年についで北京では二度目となったこの巨大イベントは、中国のトップである習近平国家主席がオリンピックを「中華民族の偉大な復興」を実現するために政治利用したと非難された大会でもあった。

習近平政権はなぜいま「中華民族の復興」を掲げなければならないのか。中国は数千年の歴史のなかで孔子や老子などの思想家を生み、製紙法・火薬・印刷術・羅針盤の四大発明を生み出し、万里の長城や故宮などを建設し、アジアの大国として君臨してきた。しかし一九世紀、英仏と戦った二度のアヘン戦争以降、列強の侵略をうけ、中国はかつての中華民族としての誇りや輝きを失ってしまった。その失った誇りと輝きを取り戻そうと奮闘してきたのが、二〇世紀の中国だった。そしていま、習近平政権もかつての偉大な中華民族を復興しようとしているのである。

ところで中国が復興しようとしている中華民族とはなにか？　中華民族とは中華に属する人々、中華を構成する人々をさす。では中華とはなにか？　中華とは、中が中央の意味、華は文化を有するの意味で、中央に位置して文化の開けた場所をさす。その逆が夷狄《いてき》である。また中国とは、世界の中心にある国をさし、中華と中国はほぼ同義である。ほぼと言ったのは、中華には文化を有するという矜持《きょうじ》が含まれるからである。そこから中華思想というものが生まれる。文化は高い方から低い方へ流れる。文化のない夷狄は文化を有する中華にあこがれて、朝貢してくる。そして中華に教化されていき、やがて世界はすべて中華となる。中華が周辺の野蛮な夷狄を取り込んでいく過程がいわゆる「漢化」であり、中国の歴史は漢化の歴史として語られる。

　中国の歴史は、「夏《か》・殷《いん》・周《しゅう》」→春秋《しゅんじゅう》・戦国《せんごく》→「秦《しん》・漢《かん》」→魏晋南北朝《ぎしんなんぼくちょう》→「隋《ずい》・唐《とう》」→五代十国《ごだいじっこく》・宋《そう》と遼《りょう》・金《きん》→「元《げん》・明《みん》・清《しん》」というように統一王朝時代（「　」で示した王朝）と分裂時代との繰り返しで展開してきた。それともう一つ、中国の歴史は、漢族と北方遊牧民との対立と融合の歴史でもある。中国王朝のなかには、夷狄とか胡族《こぞく》と呼ばれる北方遊牧民が支配者となったいわゆる異民族王朝（征服王朝とか遊牧王朝とも呼ばれる）がある。五胡十六国《ごこじゅうろっこく》・北朝《ほくちょう》・五代・遼・金・元・清がそれにあたり、これから本書でみていくように、近年では隋・唐も遊牧王朝とする見解が強い。なお、金と清を建てた女真《じょしん》族は正確には遊牧を行わない狩猟民だが、遊牧民と同様に高度な騎乗技術を生かした軍事力を誇っていた。つまり中国王朝の半分は異民族王朝が支配した時代といってもいい。よって中華民族と偉大な中華の形成に、北方遊牧民が大きく関与していたことが予想されるのである。

　しかし従来、中華の形成における遊牧民の関与については、ほとんど語られてこなかった。北方遊牧民による中華の支配というと、野蛮な夷狄による中華の破壊か、または未開な遊牧民の中華への同

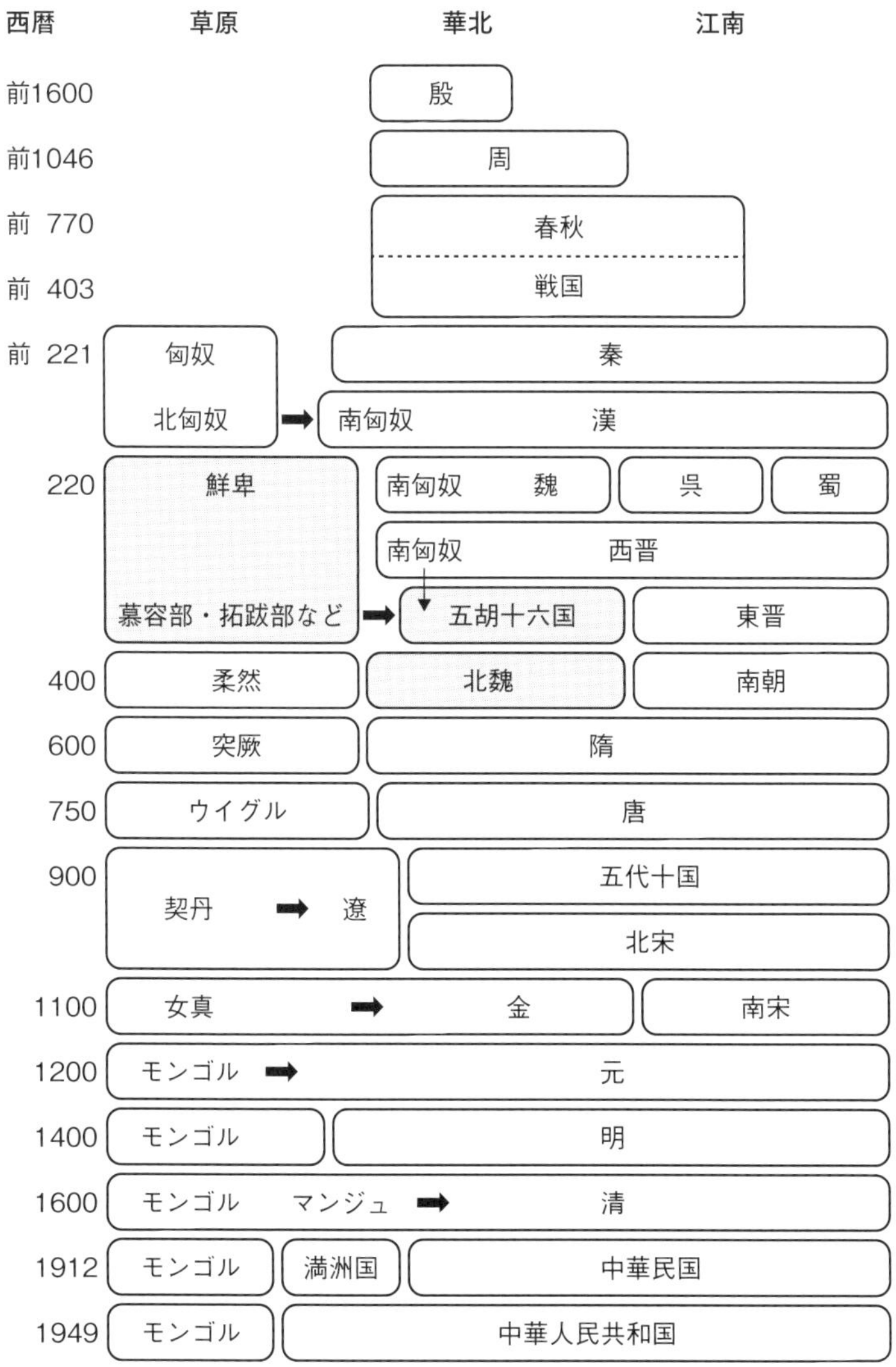

中国史の略年表。地域別におもな王朝と諸勢力の興亡を概念的に示した

唐代の女楽士の練習風景を描いた「宮楽図」。台北・故宮博物院蔵

化として語られるのが一般的であった。しかし実際には、夷狄とされる北方遊牧民によってそれまでの中華の取捨選択、そして新たな要素を加えた中華の創造がなされたことに注意を向ける必要がある。

遊牧民による新たな中華の創造。それを示す事例として、台北の故宮博物院が所蔵する「宮楽図」を取り上げて説明しよう。この絵は唐の宮中の女楽士の練習風景を描いたものであるが、何が見えるだろうか。イスに腰かけた女性たちがテーブルを囲んで琴や琵琶などの楽器を演奏している。テーブルの下には犬がうずくまっている。一見、典型的な中華の上流社会の風俗図である。この絵のどこに新たな中華が見て取れるのか。じつは、イスとテーブル、胡琵琶、ペットとしての犬、女性たちの化粧と服装、これらは漢の時代の中華世界にはなかったものである。

漢の中華世界にはなかった新たな中華世界の姿が「宮楽図」には描かれている。そしてこれらの新たな中華世界をもたらした存在こそが、魏晋南北朝時代に活動した北方の遊牧民であり、そのなかで主要な働きをしたのが、本書の主役である鮮卑《せんぴ》の拓跋部《たくばつぶ》なのだ。拓跋部は三世紀半ばに内モンゴル南部に誕生し、四世紀後半に北魏と呼ばれる王朝を建て、六世紀前半に東西に分裂するまで、約二八〇年にわたって活動してきた。北魏が皇帝を称してから東西に分裂するまででも一三六年間あり、さらに北魏以降、北周・隋・唐まで拓跋部の影響はつづいたとして、これらを拓跋国家として一括する見方も提唱されており（杉山正明『遊牧民から見た世界史』日本経済新聞社、一九九七年）、近年の歴史教科書にも書かれるようになった。

拓跋部がいかにして新たな中華を創造したのか。拓跋部の歴史をたどりながら、拓跋部による中華の創造の過程を具体的にみていくのが本書の目的である。

本書では拓跋部の歴史を大きく四つにわける。

①胡族国家の時代（三世紀半ば～四世紀後半）第一章、第二章
②胡漢二重体制（四世紀後半～五世紀後半）第三章・第四章
③中華王朝への転身（五世紀後半～六世紀前半）第五章
④胡漢融合へ（六世紀前半以降）第六章、第七章

各時代において、拓跋部はどのように国家を形成し、遊牧民＝胡族と農耕民＝漢族を支配していったのか。拓跋部独自の制度や文化（胡俗）はどうなっていくのか。歴史教科書には、孝文帝による漢

化政策によって胡語・胡服・胡姓は禁止され、胡俗は失われたと説明されるが、その説明は正しいのか。拓跋部によって創造された中華とはどのようなもので、またどのようにして隋唐に継承されていくのか。本書ではこれらの問題を、文献史料を読み解きながら、明らかにしていく。

中華はいかにして創造されてきたか。だれが中華の創造にかかわってきたのか。中華は漢族だけのものではない。そのことを本書を通じて感じ取ってもらえれば幸いである。

第一章

拓跋部の故郷

遊牧と伝説

嘎仙洞内から外を見る。内モンゴル自治区フルンボイル市オロチョン自治旗。写真提供・ユニフォトプレス

四世紀末から六世紀前半、日本では古墳時代にあたるこの時期、中国大陸の黄河《こうが》流域を支配したのが北魏である。北魏を建国したのが、北方の遊牧集団である鮮卑《せんぴ》に属した拓跋部《たくばつぶ》という一部族だった。

拓跋部が中国史に残した足跡はけっして小さくはない。北魏にはじまる均田制《きんでんせい》は、隋唐をへて日本の班田収授《はんでんしゅうじゅ》となり、北魏の都洛陽《らくよう》は、隋唐の長安《ちょうあん》の基本形となり、さらに日本の平城京《へいじょうきょう》・平安京《へいあんきょう》にも継承された。このように聞くと、なんとなく北魏とのつながりを感じられるのではないだろうか。

本章では、まず鮮卑はいつどのようにして歴史に登場するのか、拓跋部はどこからきたのかを探っていこう。

1　鮮卑の登場

遊牧世界の生活と軍事力

ユーラシア大陸の北緯四五度から五〇度にかけて、東西にのびる草原地帯。そこに暮らす人々が遊牧民である。遊牧とは、家畜（牛・馬・羊・山羊・ラクダ）をともなって移動することをいう。ただし誤解されがちだが、草と水をもとめて、あちこち放浪しているのではない。夏は草と水が豊かなところで家畜を肥《ふと》らせ、冬は風雪を防げる谷あいで数家族集まって過ごす。家族ごとに夏と冬を過ごす場所は決まっていて、その間を家畜をつれて移動するのである。

遊牧は衣食住を原則家畜に依存しているが、遊牧だけで生活することはできない。穀物や生活用品は農耕民との交易によって入手する。農耕民も遊牧民から毛皮・肉・乳製品・馬などを交易で手に入れる。またオアシス都市との間では、交易に従事する隊商を騎馬で警護することで共生関係を維持している。

中国では西周（前一一世紀〜前八世紀）のころすでに遊牧民がいた。それら遊牧民を西周の人たちは、羌《きょう》・戎《じゅう》・胡《こ》と呼んで蔑み、自分たちの住む世界を中国＝中華とした。これを華夷思想という。しかしこれらの遊牧民はモンゴル高原にいたものを言ったのではない。羌・戎・胡は、西周の人々が住む城壁に囲まれた都市と都市の間に住んでいた。また彼らは騎馬遊牧民ではなかった。騎馬遊牧民とは、馬の背に騎乗する遊牧民をいう。馬に騎乗するためには、馬をコントロールする銜《はみ》（馬の口に入れ手綱《たづな》をつなぐ道具）と手綱が必要である。

隣接する遊牧民から中国に騎乗技術が伝わったのは、前四世紀末のこと。そのころの中国は戦国時代で、北方に領土をもっていた趙《ちょう》の武霊王《ぶれいおう》（在位前三二五〜前二九八年）は「胡服騎射《こふくきしゃ》」を導入した。胡服とは騎乗に適した服装のことで、ズボンに筒袖《つつそで》の体にフィットした服装である。騎乗した状態で弓を射るのを騎射という。ここに機動性に富んだ騎馬軍団が誕生した。騎馬軍団は一七世紀に銃火器が本格的に戦争に導入されるまで最強の軍隊であった。

前四世紀末の中国には、林胡《りんこ》・楼煩《ろうはん》・匈奴《きょうど》といった騎馬遊牧民が登場した。それら騎馬遊牧民に対抗するため、戦国各国はそれまでの馬に車を引かせる戦車スタイルから騎兵スタイルへと軍事改革をおこなった。その先駆けが武霊王の「胡服騎射」であり、秦も積極的に騎兵を導入した。秦の中国統一のうらに騎兵の導入があったことは注意しておきたい。逆に言えば、騎馬遊牧民の出現が中国社会における軍事改革をもたらしたのである。

秦の始皇帝は中国を統一すると、蒙恬《もうてん》を派遣してオルドス（現在の内モンゴル自治区の一部。黄河の湾曲部の内側で、戦国秦の長城と黄河に囲まれた地域）にいた匈奴をうって黄河の北に追いやった。そのうえで再び匈奴がオルドスに南下してこないように長城を築き、戦国の燕・趙が築いた長城とつなげて万里の長城とした。この万里の長城の内と外が、中華と夷狄、農耕と遊牧を分ける境界線となり、以後、万里の長城の内側が中国＝中華であるという認識がうまれた。秦のあと漢が四〇〇年間にわたって中国を統治すると、中国に住む人を漢人、中国の外に住む匈奴を胡人と呼ぶようになった。その後、北方の遊牧民をはじめとする異邦人を胡人とか胡族と呼ぶようになった。

しかしもともと万里の長城の内側にも遊牧民が住んでいたように、黄河流域は、遊牧民と農耕民が混在する世界であった。したがって長城を守備する能力が漢民族側になければ、遊牧民は長城を越えて南下し、黄河流域の華北はあっという間に遊牧民の支配する世界になる。中国の歴史のなかで、しばしば遊牧民が華北を支配する状況が発生したが、その理由は、華北が遊牧世界の一部だからである。

近年では、この遊牧と農耕の接する地域（農牧接壌地帯とか農牧境界地帯と呼ばれる）が、中国の歴史を動かす発信地になっていたとして注目が集まっている（妹尾達彦『グローバル・ヒストリー』中央大学出版部、二〇一八年）。例えば、周や秦は農牧接壌地帯の甘粛省からおこり、五胡十六国時代のはじまりをつげる南匈奴の自立も農牧接壌地帯の山西省でおこっている。本書の主人公である拓跋部も農牧接壌地帯の山西省北部において成長してきた。

鮮卑と烏丸

一世紀中頃、モンゴル高原にいた匈奴が衰えたあと登場するのが鮮卑である。鮮卑に関するまとまった記録は、三国時代の魏《ぎ》の王沈《おうちん》（?〜二六六年）が書いた『魏書《ぎしょ》』にある。この書物は宋代には散逸したようで、現在は書物としては伝わらず、『三国志』の注など、各書に引用される形でしか見ることができない。ただ『三国志』に引用される鮮卑に関する部分は、かなりまとまった内容となっており、貴重な史料を提供している。そこで以下に該当箇所を見てみよう。

鮮卑も東胡《とうこ》の遺民である。分かれて鮮卑山のもとに身をおちつけたことから、鮮卑と号した。彼らの言語風習は烏丸《うがん》と同じである。その土地は、東は遼水《りょうすい》に接し、西は西城《せいじょう》にあたる。晩春の頃、作楽水《さくらくすい》のほとりで大集会を開き、妻をめとり、頭髪を剃って宴会する。その地の獣《けもの》で中国と異なるものに、野馬・羱羊《げんよう》（角の大きな羊）・端牛《たんぎゅう》がいる。端牛の角は弓を作るのに用いる。弓の角端《かくたん》というのは端牛の弓を言う。また貂《てん》・豽《だつ》（タルバガン）・鼲子《こんし》（おじぎねずみ）がおり、その毛皮は柔らかいので、よい裘《きゅう》（かわごろも）として天下に知られている。鮮卑は匈奴の冒頓単于《ぼくとつぜんう》に敗れてから、遠く遼東の塞外の地に逃げ込んで、他国と争うことがなかったため、中国に知ら

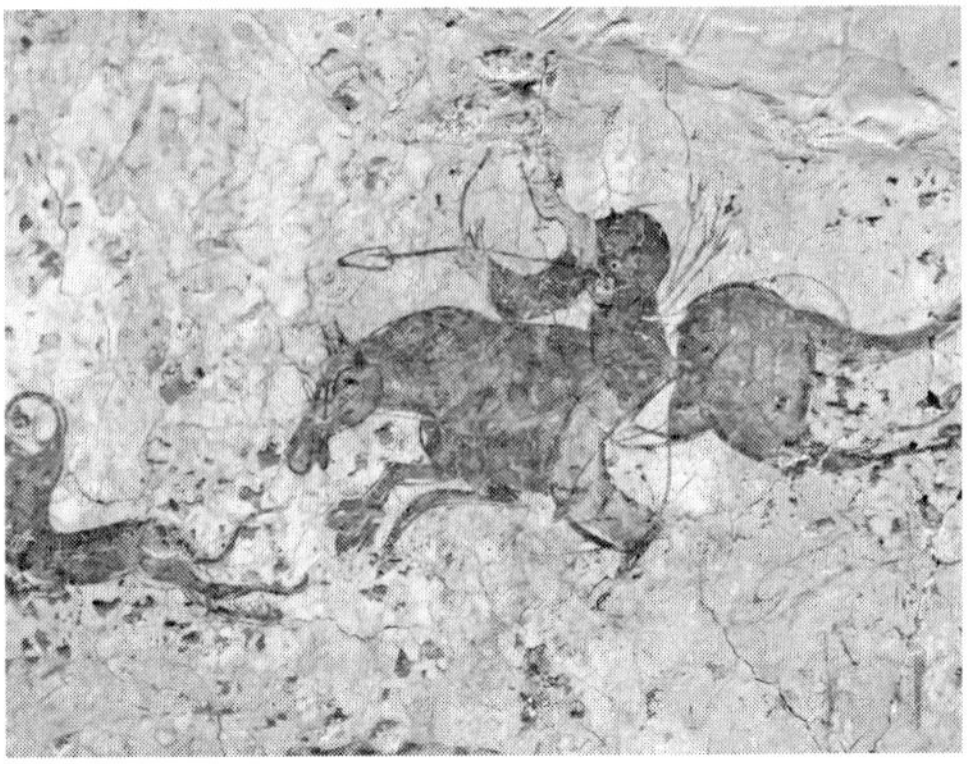

鮮卑の狩猟を描いた墓壁画。内蒙古博物院蔵

れていなかった。

この史料から以下のことが読み取れる。

①鮮卑と烏丸は東胡と呼ばれた集団にもともと属していて、言語風習を同じくし、匈奴の冒頓単于が東胡を征服したとき遠く遼東の長城外に逃れ、それぞれ鮮卑山と烏丸山に住んだことから鮮卑・烏丸となった。

②鮮卑の領域は、東は遼水（遼東半島）から西は西域（漢代の高闕塞、内モンゴル自治区バヤンノール市）まで、晩春に作楽水（シラムレン河）で大集会を開いていることから、内モンゴル自治区の赤峰《せきほう》市あたりが鮮卑の中心地であること。

③馬・牛・羊を飼育し、テンなどの動物を狩猟し、テンの毛皮は貿易品として広く知られていたこと。

④髡頭《こんとう》すなわち辮髪《べんぱつ》の風習があること。辮髪は頭髪の一部を残して剃り、残した髪を編む髪型を指し、契丹《きったん》や満洲族《まんしゅうぞく》など北方の遊牧民に広く見られる。北魏を建国した拓跋部のことを、南朝では索頭《さくとう》虜《りょ》と呼んでいるが、これは髪を編む野蛮人という蔑称である。また五胡十六国の南涼《なんりょう》を建てた鮮卑の禿髪部《とくはつぶ》は托跋涼《たくばつりょう》と呼ばれており、禿髪は托跋＝拓跋と同音異語である。禿髪とは禿頭《とくとう》のことだから、

拓跋部は頭髪の一部を剃っていたと思われる。

鮮卑の意味

鮮卑という言葉の意味について、王沈『魏書』には、「鮮卑もまた東胡の余《のち》なり。別に鮮卑山を保《たも》ち、因《よ》りて号《なづけ》る」とあり、鮮卑山という山の名前であるとする。一方、『漢書』の注で張晏《ちょうあん》は「鮮卑《せんぴ》郭落帯《かくらくたい》は瑞獣《ずいじゅう》の名なり」とし、また顔師古《がんしこ》は「犀毗《さいび》は胡帯《えびすおび》の鉤《おびどめ》なり。また鮮卑といい、また師比《しひ》と謂《い》うは総じて一物なり。語に軽重あるのみ」とし、鮮卑とは遊牧民の帯鉤《たいこう》（おびどめ）のことだとする。

盛楽遺跡出土の金の飾り板。４頭の神獣が彫られ、鮮卑の始祖、力微の孫の猗㐌の遺品といわれる。内蒙古博物院蔵

一方、『翰苑《かんえん》』に引く『漢名臣奏』には「鮮は少《すく》なきなり、卑は陋《ひ》なり、その種、衆少なく陋なるを言うなり」とし、鮮卑の鮮は人口が少ないという意味で、卑はいやしいという意味であると説明しているが、これは明らかに華夷思想にもとづく説明である。

鮮卑は匈奴や突厥《とっけつ》とおなじく発音に漢字をあてたもので、古漢音ではsaipi。満洲語では吉兆・霊異のあることをsabiということから、霊威のある獣の飾りをつけた帯鉤をする人々を鮮卑と呼んだというのが正しそうだ（白鳥庫吉『塞外民族史研究』岩波書店、一九八六年）。

モンゴル系か、トルコ系か

ところで、鮮卑はモンゴル系ですか、トルコ系ですか、という質問を受けることがある。しかしこの質問に正確に答えることはできない。それは鮮卑の情報が少なすぎてわからないのではない。質問自体が成り立たないからである。鮮卑というのは騎馬遊牧民による政治的連合体の名称であって、そこに属する人々は言語や風習が違ってもみな鮮卑になる。鮮卑のもととなった遊牧民はどのような人々ですかという質問は成立するが、鮮卑全体を指して何系の民族かを問うことはできない。なぜなら、鮮卑のなかには文化・習俗が異なる多様な人々が含まれているからである。

遊牧民の歴史のなかで、黒海北岸のウクライナの平原に最初に国家を築いたスキタイからして、複合的構造をもっていた。支配者である王族スキタイのほか、遊牧スキタイ・農民スキタイ・農耕スキタイ・ギリシア系スキタイというのがいる。スキタイが遊牧民だと考えると、農耕スキタイとかギリシア系スキタイとはなんなのか、わからなくなってしまう。しかし、スキタイとはスキタイという騎馬遊牧民が支配する国家全体を指すと考えればこの疑問は解決する。騎馬遊牧民のスキタイが、ほかの遊牧部族と都市・農村に住むギリシア人を支配する国家の名称もスキタイなのである（杉山一九九七）。

匈奴・鮮卑・突厥・モンゴルというのは、支配集団の名称であると同時に、そこに所属するものを含めた集合体（国家）の名称でもある。そのため匈奴や鮮卑を称しているから、それらはみな同じ言語・風習をもった民族であると考えてはいけない。

遊牧社会には、辮髪とか、移動式住居に住むとか、天を祭るといった大枠で共通する部分と、部族ごとに習俗が異なる部分とが存在する。王沈の『魏書』には鮮卑の言語習俗は烏丸と同じと書かれている。しかしそれをもって、鮮卑の習俗が烏丸とまったく同じであるとか、鮮卑に属する慕容部と拓跋部が同じ習俗だと考えることは危険である。

遊牧社会の基本は、同じ祖先から分かれた血族である部族にあり、それら部族がより大きな政治的連合体を構成すると、そこに所属するものはすべて匈奴とか鮮卑とか突厥といった名前を使う。しかしこれはあくまで集団の名前であって、今日でいう言語・文化・宗教を共通とする民族とはちがう。したがって匈奴や鮮卑を遊牧民族と呼ぶのは適当ではない。遊牧集団と呼ぶほうがいい。なお、この集団の単位は、漢文史料では「種」と表記される。

後漢と鮮卑

鮮卑が中国の歴史書に現れるのは、一世紀の中頃、後漢光武帝《こうぶてい》の建武《けんぶ》二一年（四五年）秋、鮮卑の一万騎余りが遼東郡に侵入し、遼東太守《りょうとうたいしゅ》（郡の長官）の祭肜《さいゆう》が撃破したというのが初出である。その後、祭肜の招致により、鮮卑《せんぴ》大人《たいじん》（部族長）が遼東にきて賞賜をうけたが、その財源は近隣の青州《せいしゅう》と徐州《じょしゅう》から毎年二億七〇〇〇万銭が支出されたという。こうして後漢と鮮卑は友好関係を築き、鮮卑の部族長に対して後漢から王侯の印綬が与えられ、共同して匈奴の遠征にあたった。その結果、鮮卑が匈奴にかわってモンゴル高原の支配を確立した。

鮮卑の支配下には多数の匈奴の残留者（約一〇〇万人）がいて、彼らはみな鮮卑と称したという。ここに鮮卑と匈奴の混合社会が形成され、両者の融合が進んだと思われる。つまり集団の名称は鮮卑に変わったが、構成員には旧匈奴の人も含まれている。遊牧国家というのはこのような構造を持っていて、集団の名称と構成員の部族が完全に一致するわけではなく、匈奴と鮮卑の融合ということもおきる。純粋な民族など幻想でしかない。

鮮卑が北方を支配するようになると、中国側の文献には、遼東鮮卑《りょうとうせんぴ》・遼西鮮卑《りょうせいせんぴ》・代郡鮮卑《だいぐんせんぴ》というように地名を冠して呼ばれるようになるが、各地に居住する鮮卑は、それぞれ別々の部族を構成し、統合されることはなかった。しかしその後、二世紀中頃に檀石槐《だんせきかい》という英雄が現れると、彼のもとで鮮卑は統合されて一大国家を形成する。

檀石槐の国家

檀石槐には出生にまつわる伝説がある。父親の投鹿侯《とうろくこう》(名前ではなく匈奴における地位)が、匈奴に従軍して三年ぶりに帰ると子供が生まれていた。投鹿侯は自分の子ではないと思って殺そうとすると、妻が「かつて日中に外出していると雷鳴が聞こえ、天を仰ぐと雷が口に入って身ごもり、一〇ヵ月後にこの子が生まれました。この子は特別ですから育ててください」と言った。しかし投鹿侯が信じなかったため、妻は子を実家に預け、檀石槐と名付けた。なお檀石槐とはモンゴル語で「奇異」を意味する tangsuk に由来するという(白鳥一九八六)。

檀石槐は成長すると、勇敢ですぐれた智謀をもつ人物となった。十四、五歳のとき、卜賁邑《ぼくほんゆう》という部族長が母親の実家の牛羊を掠奪した。檀石槐は単騎追いかけて奪い返した。これ以後、部族の人々はみな彼を畏れ服従するようになり、部族のリーダーに選ばれた。

母親が雷を呑んで生まれたという神秘性と、勇敢さと公平さを備えた人物であることを伝えるこの一連のエピソードは、檀石槐が遊牧社会のリーダーにふさわしい人物であることを示すものである。遊牧部族はカリスマ性を持った優れたリーダーのもとで大きく発展することがよくある。匈奴の全盛期を築いた冒頓単于《ぼくとつぜんう》やモンゴルのテムジン（チンギス）にも似たような話が伝えられており、檀石槐も彼らに匹敵するリーダーであった。

檀石槐は弾汗山《だんかんざん》（張家口の西北）に本拠を構え、北は丁令《ていれい》（バイカル湖周辺にいた遊牧集団）、東は夫余《ふよ》（朝鮮北部にいた集団）、西は烏孫《うそん》（天山方面にいた遊牧集団）、南は後漢までの東西一万二〇〇〇里、南北七〇〇〇里の範囲を支配した。この範囲はかつて匈奴が支配した範囲と重なり、そのなかには山川、水沢、塩池が含まれていた。

檀石槐に従う部族が急増したことで、狩猟や牧畜だけでは食糧をまかなうことができなくなった。そこで檀石槐は、烏侯秦水《うこうしんすい》に多くの魚がいることに目をつけた。しかし彼らはその魚をとる方法を知らない。そのとき東方に魚をとるのが巧みな汗人《かんじん》がいると聞いた檀石槐は、東に住む汗人を討って一〇〇〇家を烏侯秦水にうつし、彼らに魚をとらせて食糧にあてた。一〇〇年以上を経た三国時代になっても烏侯秦水にはこのとき移された汗人数百戸が住んでいたという。

ここに登場する汗人について、別の史料では汙人《おじん》となっていて、汙人は倭人《わじん》のことだという説がある。この倭人が日本列島に住む人を指すとすれば、鮮卑国家に日本の倭人もいたことになるが、おそらくそれはない。檀石槐が海を渡って攻めてきたとは考えられない。この当時は、中国の東南や朝鮮半島に住む人たちも倭人と呼ばれていた。汙人が倭人であったとしても、それは日本列島の人を指すのではなく、朝鮮半島にいた人のことであろう。なお船木勝馬氏は、『漢書』地理志や『後漢書』郡国志に遼東郡に属する県として番汗県があり、その番汗県は汗水（鴨緑江）の下流に置かれた県と推定されることから、汗人は鴨緑江下流域の漁労民であろうとするが（船木勝馬『古代遊牧騎馬民の国』誠文堂新光社、一九八九年）、その推定は妥当なものだと思う。

匈奴にかわる強大な勢力が突如として出現したことに慌てた後漢は、使匈奴中郎将《しきょうどちゅうろうしょう》（匈奴担当の官職）の張奐《ちょうかん》を討伐に向かわせたが敗れた。そこで今後は檀石槐に王の爵位を与えて懐柔しようとしたが、拒否された。

檀石槐は広大な支配領域を東部・中部・西部の三つに分割した。東部には弥加《びか》・闕機《けつき》・素利《そり》・槐頭《かいとう》の四人のリーダーが率いる二〇の部族があり、中部には柯最《かさい》・闕居《けつきょ》・慕容《ぼよう》の三人のリーダーが率いる一〇の部族があり、西部には置鞬《ちけん》・落羅《らくら》・日律《にちりつ》・推演《すいえん》・宴茘游《えんれいゆう》の五人のリーダーが率いる二〇の部族があったという。ただしここに名前が登場する部族リーダーは、檀石槐時代のリーダーではなく、半世紀以上後の、三世紀前半のリーダーである。『三国志』にも、魏のはじめのこととして、高柳《こうりゅう》から濊貊《わいばく》の間に鮮卑数十部がいて、そのリーダーに軻比能《かひのう》・弥加・素利がいたとある。王沈が『魏書』鮮卑伝を書くにあたり、三国時代にいたリーダーを檀石槐時代のリーダーに仕立てたようである。

檀石槐は四五歳で死去し、息子の和連《われん》が継いだが、彼は貪欲で法の執行も不公平であったため、半数の部族が離れていった。和連は後漢に侵入したとき弩《ど》（ボーガン）の名手に射殺されてしまった。和連の子の騫曼《けんまん》はまだ幼かったため、和連の兄の子である魁頭《かいとう》が即位したが、騫曼が成長すると部族長の座をめぐって争いがおこり、また多くの部族が離散していった。魁頭の死後、弟の歩度根《ほどこん》が即位したが、兄の扶羅韓《ふらかん》が自立するなど、かつての鮮卑国家は瓦解して、各地に諸部族が散在する状態になった。

檀石槐はリーダーとしての能力を評価されて、部族長たちによって君主に推戴された。檀石槐以降は、かれの子孫によって部族長の地位は世襲された。しかし歩度根が即位した頃には、各地の部族長が自立し、ついには檀石槐の子孫ではない軻比能《かひのう》が新たなリーダーに推戴され、檀石槐の子孫の歩度根・扶羅韓・泄帰泥《せっきでい》らは軻比能によって殺されてしまった。

鮮卑は檀石槐のとき大きな勢力を築いた。しかし檀石槐の死後、各地に部族長が自立した。一時期、軻比能のもと統合されたが、軻比能が死ぬと、ふたたび各地の部族が自立し、三国魏の後継王朝である西晋の混乱に乗じて国家を樹立していくことになる。五胡十六国である。そのなかに拓跋部もいた。

2　『魏書』序紀の歴史観

基本史料が伝える起源

拓跋部に関する基本史料は、六世紀中頃に北斉《ほくせい》の魏収《ぎしゅう》が編纂した『魏書』一三〇巻である。『魏書』巻一にあたるのが序紀《じょき》で、序紀には拓跋部の起源から北魏建国までの歴史が記されている。そこには拓跋部の歴史が説明されている。以下要約すると、

（1）黄帝《こうてい》の孫が北方に封建され、その地に大鮮卑山《だいせんぴざん》があったので鮮卑と称した。その後、代々北方の地のリーダーを世襲し、家畜を追って移動し、狩猟を生業とした。文字はなく、木を刻んで記しとするだけ。かれらの歴史は人づてに伝える。

黄帝は土《ど》徳《とく》の王であり、北方では土を托《たく》、王を跋《ばつ》というので、托跋氏《たくばつし》とした。子孫の始均《しきん》は堯《ぎょう》に仕えて女魃《じょばつ》（ひでりの神）を弱水《じゃくすい》の北に追放し、舜《しゅん》から田祖《でんそ》（農業担当官）に命じられた。夏殷周から秦漢まで、獯鬻《くんいく》・獫狁《けんいん》・山戎《さんじゅう》・匈奴《きょうど》などが中華に害をなしたが、始均の子孫は中華と交流がなかったために記録がない。

（2）始均から六七代後、成皇帝《せいこうてい》（毛《もう》）が即位した。聡明で武略にすぐれ、遠近の部族から推戴され、三六の国、九九姓の大姓を統べ、その威信は北方にふるった。五代のちに宣皇帝《せんこうてい》（推寅《すいいん》）が即位し、南の大沢《だいたく》に移動したが、その土地は暗くてジメジメしていたので、さらなる南下を計画したが果たせずして亡くなった。

七代のちに献皇帝《けんこうてい》（隣《りん》）が即位した。このとき神人が現れ「この土地は遠方にあって都市を築くにはふさわしくない。移動すべし」とのお告げがあった。献皇帝は年老いていたので位を息子の聖武皇《せいぶこう》帝《てい》（詰汾《きつふん》）に譲った。聖武皇帝は南に移動したが、高き山深き谷に阻まれて進めなかった。すると馬の姿で牛の声の神獣が現れて先導し、一年後にようやく脱出して匈奴の故地にたどり着いた。移動の策は宣皇帝と献皇帝によるものであったため、ふたりを「推寅（研鑽の意味）」と呼んだ。

（3）聖武皇帝が数万騎を率いて狩りをしていると、天からホロの付いた車が降りてきて、なかから美しい婦人が現れ、「われは天女である。夫婦になるよう命を受けてきた」といい、一晩をともにした。翌朝、「来年同日、また会いましょう」と言って風雨のごとく去っていった。一年後、聖武皇帝が会いに行くと、天女は男の子を授けて「あなたの子です。大事に育ててください。のちのち必ずや帝王になるでしょう」と言って去った。この子が始祖《しそ》神元皇帝《しんげんこうてい》（力微《りきび》）である。当時の人々は「詰汾《きつふん》皇帝《こうてい》には嫁の家がなく、力微《りきび》皇帝《こうてい》には母の家がない」と言った。

（4）神元皇帝が即位した。庚子《こうし》の年にあたる。即位三九年目、定襄《ていじょう》の盛楽《せいらく》に移った。

このあと昭成帝《しょうせいてい》（什翼犍《じゅうよくけん》）が前秦《ぜんしん》の苻堅《ふけん》に攻められて死去するところまでの拓跋部の歴史が書かれるが、これについては第二章で取り上げる。

「拓跋」と五行思想

序紀によると、北方では「土《とち》」を「托《たく》」、「后《きみ》」を「跋《ばつ》」ということから托跋《たくばつ》（托と拓は同音）と称したとなっているが、それは黄帝が土徳の王であることにちなむ。ここでいくつか補足説明しておこう。まず黄帝は中国を最初に統治した五人の帝王（五帝）の筆頭にあたり、漢民族の祖とされる人物である。また黄帝が土徳の王であるというのは、五行思想《ごぎょうしそう》にもとづいている。五行思想は、世界を構成する木・火・土・金・水の五つのエレメントが循環することで、世の中が動いているという考え方で、五つのエレメントにはそれぞれ対応する色・方角・季節などがある。

土のシンボルカラーは黄色。よって黄帝は土のエレメントをもった帝王とされた。拓跋部が黄帝の子孫であるというのは、当然ウソであるが、中華最初の帝王である黄帝の子孫を主張することで、拓跋部には中華の君主となる資格があるとした。なお言語学研究によれば、拓跋は古代トルコ語のトゥグ（土地）・ベグ（王）、すなわち「土地の王」を意味するという（羅新『中古北族名号研究』北京大学出版社、二〇〇九年）。

李陵の子孫という説

一方、南朝の史料『南斉書《なんせいしょ》』魏虜《ぎりょ》伝によると、「魏虜は匈奴の種なり。姓は托跋氏。初め匈奴の托跋という名の女が李陵《りりょう》に嫁いだ。胡俗では母の名を姓とする。よって魏虜は李陵の子孫である」とある。拓跋部を匈奴に降った前漢の将軍李陵の子孫とする説は、南朝側の史料『宋書《そうしょ》』にはじまるが、なぜ李陵なのか。

中国では古くから、夷狄は罪を犯して中国を追放された人の子孫であるという認識があった。例えば、『国語』周語に「放縦《わがまま》で怠慢《たいまん》なものは、刑罰をくわえて僻地《へきち》に流す。そこに蛮夷の国が生じ、刑罰をくわえられた民が生まれた」という記述がある。このような認識にもとづき、匈奴は夏王朝の最後の王である桀《けつ》の子孫だとされる。楽産《がくさん》の『括地譜《かつちふ》』に、「夏の桀《けつ》は無道で、湯《とう》が鳴條《めいじょう》に追放し、三年後に死んだ。子の獯粥《くんいく》は桀《けつ》の妾《めかけ》を妻とし、北方に住んで家畜を随えて移動した。中国ではこれを匈奴といった」とある。同じ論法で、拓跋部は漢を裏切り匈奴に寝返った（これを謀反《ぼうはん》という）李陵の子孫だとしたのである。

ところで拓跋部は鮮卑なのか匈奴なのか。これは拓跋部にとっても正統性に関わる重要な問題であり、拓跋部自身は鮮卑であると主張した。序紀のなかで大鮮卑山に住んだと、あえて鮮卑山に「大」をつけるあたりに、鮮卑のなかの鮮卑であるという主張があらわれている。では誰に対して鮮卑であると言い張る理由があったのか。それは拓跋部よりも先に華北に進出していた鮮卑の慕容部に対する主張であった。拓跋部は慕容部の背中を追いかけて華北に進出し、やがて慕容部を倒して皇帝を称する。慕容部にかわって支配者となった拓跋部は、自分たちこそが檀石槐の鮮卑国家に参加した本流なのだと主張する必要があったのである。なおこの話は第三章で詳しく述べる。

3　大鮮卑山を探せ！――嘎仙洞の発見

一九八〇年の大発見

序紀にいう大鮮卑山はどこにあるのか。そのヒントが『魏書』烏洛侯国《うらくこうこく》伝にある。

　烏洛侯国は地《じ》豆于《とうう》の北にあり、代都《だいと》を去ること四五〇〇里。……その国の西北に完水《かんすい》があって東北に流れて難水《なんすい》に合流する。その他の小河川はすべて難水に合流し、東に流れて海に入る。また国の西北に二〇日行くと于巳尼大水《うしにだいすい》すなわち北海がある。世祖《せいそ》の太平真君《たいへいしんくん》四年（四四三年）来朝し、その国の西北に国家先帝の旧墟があると報告した。石室は南北九〇歩（一三五メートル）、東西四〇歩（六〇メートル）、高さ七〇尺（一八メートル）、室内には神霊が宿り、民が多く祈りをささげている。世祖は中書侍郎《ちゅうしょじろう》の李敞《りしょう》を派遣し、先祖を祭らせたのち祝文を壁に刻ませ帰国させた。

1980年に嘎仙洞で発見された碑文のレプリカ。内蒙古博物院蔵

北魏の三代皇帝太武帝《たいぶてい》（世祖）が華北を統一してまもない太平真君《たいへいしんくん》四年（四四三年）、烏洛侯国の西北に北魏の先祖の遺跡があるという報告を受けて、太武帝は李敞を派遣して祖先を祭らせ、祝文を室内の壁に記させたというのである。この場所こそ、拓跋部の故郷であるに違いない。そこでまずは文献史料から烏洛侯国の位置の特定がおこなわれた。史料にでてくる完水はアルグン河、難水は黒竜江《こくりゅうこう》（アムール河）、于《う》巳尼《しに》大水《だいすい》（北海）はバイカル湖であること、烏洛侯国は嫩江《どんこう》流域の大興安嶺《だいこうあんれい》の一帯にあることが判明した（白鳥一九八六）。

その成果をふまえて、中国の考古学者の米文《べいぶん》平《ぺい》氏は、「石室」とはおおきな洞窟であろうと推測し、大興安嶺一帯での洞窟調査をおこなった。そして一九八〇年、内モンゴル自治区阿里《あり》河鎮《がちん》の嘎仙洞《かっせんどう》にて、太平真君四年の銘をもつ碑文を発見したのである。

発見の様子について、尾形勇『中国歴史紀行』（角川書店、一九九三年）は臨場感をもって紹介する。午後四時、太陽光が洞窟内に差し込み、入り口付近の西壁を照らした。ふと見ると苔でおおわれた壁面に「四」という文字が見えた。あわてて目を凝らすとその下に「年」、上に「太平真君」。三行目に「中書侍郎李敞」。こうして『魏書』に記録されていた碑文が発見されたのである。

この碑文の発見によって、嘎仙洞が「国家先帝の旧墟」の石室、つまり拓跋部の故郷であることが証明された。ときに重要な発見が世界を驚かすことがある。兵馬俑の発見もその一つだが、北魏史を研究しているものにとって、拓跋部の故郷がわかったというニュースは驚きをもって伝えられた。私も学生のころ尾形氏の文章を読んで、ワクワクしたのを覚えている。

その頃、中国の考古学者の宿白《しゅくはく》氏が、内モンゴル各地で発見された鮮卑墓と序紀の記述とをあわせて拓跋部の南下ルートを明らかにし、現在これが定説となっている。

烏洛侯国への疑問

嘎仙洞碑文の発見によって、拓跋部の故郷探しは決着がついたのだろうか。そもそも根拠となって

時代	五帝　夏殷周　秦	前漢	後漢	三国	西晋・五胡十六国
序紀	大鮮卑山	大沢	匈奴の故地	盛楽	代
考古	大興安嶺嘎仙洞	フルン湖	内モンゴル南部	ホリンゴル	山西北部

序紀と考古の南下ルート

拓跋部南下のルートの従来説

いるのは烏洛侯国の報告であるが、烏洛侯国は石室が拓跋部の先祖の遺跡であることをどうやって知ったのだろうか。

序紀によれば、拓跋部が大鮮卑山に住んでいたのは、宣皇帝が大沢に移動するまでのことで、前一世紀中頃、匈奴の呼《こ》韓邪《かんや》単于《ぜんう》が前漢に入朝した頃のこと。すなわち烏洛侯国が報告してくる五〇〇年も前。そのころの拓跋部には文字がないことは序紀にも書かれており、嘎仙洞で発見された碑文も太武帝期のものだけである。

よって烏洛侯国が嘎仙洞を拓跋部の遺跡とした根拠は何だったのか。おそらく明確な根拠などない。となると烏洛侯国はなぜ太平真君四年（四四三年）のタイミングで入朝し、そのような報告をしたのだろうか。そこでその当時の状況を整理してみる。

四三九年、太武帝は北涼《ほくりょう》を平定して華北を統一した。四四〇年（太平真君元年）から陰山《いんざん》の北へ行幸を繰り返し、太平真君三年には陰山の北に広徳殿《こうとくでん》を建てている。モンゴル高原にいる北魏のライバル柔然《じゅうぜん》への圧力を強めていることがうかがえる。太武帝はモンゴル高原にいる遊牧部族に対して、北魏の力を示すことで柔然からの離反をうながしている。そうした北魏の圧力が強まるのを感じた烏洛侯国が入朝してきたと考えるのが自然であろう。

烏洛侯国は北魏に取り入るため、自分たちの国の西北に北魏先帝の旧墟があって、そこに神霊がいて霊験があるという話をもってきた。柔然と北方の覇権争いをしている太武帝としても、烏洛侯国の情報は、北魏がもとより北方の正統な支配者であることを示すことにつながる有益なものである。そこで太武帝は李敞を派遣して先祖を祭らせ、そのことを碑文に刻ませたのである。

碑文の変更

碑文の内容は『魏書』礼志にも記載されているが、発見された碑文と異なる箇所がいくつかある。とくに重要な変更箇所は、礼志では「告祭天地、以皇祖先妣配」と書かれている箇所が、碑文では「薦于皇皇帝天、皇皇后土、以皇祖先可寒配、皇妣先可敦配、尚饗」となっている。皇皇帝天（天の神）と皇皇后土（大地の神）に犠牲をそなえ、皇祖・先可寒（皇帝の先祖の可汗）と皇妣・先可敦（皇后の先祖の可敦）をあわせて祭るという意味であるが、可寒《かがん》（可汗《かがん》）と可敦《かとん》は遊牧国家における君主と后妃の称号である。

なお可汗・可敦はモンゴルでは汗（ハーン）・可敦（ハトゥン）となる。一方、匈奴では単于《ぜんう》・閼氏《あつし》が使われた。単于は「広大な天の子」を意味する。単于は匈奴が自らの君主号として使用していたが、後漢末から西晋にかけて、服属した遊牧集団のリーダーに対して中国王朝側が与えるようになった。そのため匈奴以外の烏丸や鮮卑が単于を称したが、それはあくまで中国側が与えた君主号であって、彼ら自身の君主号ではない。その意味で、可汗・可敦はこの時期誕生した新たな遊牧国家の君主号であった。

このように碑文には、北魏皇帝は中華皇帝であると同時に、遊牧君主の可汗でもあることが明記されていた。可汗であると書いたのは、おなじく可汗を称していた柔然に対して、拓跋部こそが遊牧君主の可汗なのだという主張が込められている。

また碑文には祭祀を執り行った人物として、李敞のほかに庫六官《こりくかん》の名前もみえるが、庫六官は皇族の拓跋氏であって、実は彼がこの祭祀の主宰者であった。というのは拓跋部における祭天儀礼は帝室十姓しか挙行できないことになっている。この祭祀は遊牧君主の可汗としての祭祀であったと佐川氏が指摘している（佐川英治「嘎仙洞石刻祝文にみる北魏王権の多元性」『東洋史苑』九六号、二〇二一年）。

北斉の魏収が『魏書』を編纂する際、碑文の不都合な部分は削除したり改変したりした。なかでも遊牧的な要素（胡俗）については極力削除した。なぜなら、西魏・陳と中華の正統性を争っていた北斉にとって、その前身である北魏は、中華王朝であらねばならないからである。そのため『魏書』を読む限り、北魏は中華王朝であるようにみえる。

しかし胡俗を完全に消し去ることはできなかった。北斉の建国者の主体が北魏のとき北方に住んでいた遊牧民たちだったからだ。しかも魏収が『魏書』の編纂にあたっていた時期、ライバルの西魏が胡俗を復活させる国策をとっていた。そのため北斉の前身である北魏を完全なる中華王朝であるとすることは、北斉の支配者にとっては必ずしも都合のいい話ではなかった。自らが遊牧国家の流れをくんでいることも、示しておきたいのである。この絶妙なタイミングで『魏書』が編纂されたことが、序紀を残すことになった（田中一輝「『魏書』序紀と魏収」『古代文化』七三巻三号、二〇二一年）。

序紀がなければ、我々は北魏の建国前の歴史を知ることができなかった。その意味でも序紀があることがどれほど北魏史研究にとって重要な意味を持つのかわかってもらえたと思う。ただし、序紀に書かれていることがすべて実際にあった歴史的事実というわけではない。どこまでが創作で、どこまでが歴史的事実なのかを見極めることが必要となる。

こうした作業を史料批判というが、史料批判に欠かせないのが、同時期に書かれた碑文や墓誌《ぼし》などである。そこには魏収が手を加える前の情報が残されている。嘎仙洞碑文もまさにそうした生の情報が残された貴重な同時代史料である。それを『魏書』と比較検討しながら、魏収がどのように手を加えたのか、またその意図はなにかを明らかにしていくのである。

始祖こそはじまり

序紀に書かれている内容のどこまでが、本来拓跋部がもっていた歴史なのであろうか。始祖という廟号《びょうごう》がカギを握っている。廟号とは皇帝の霊を祀るときにつける名で、高祖・太祖・世宗・玄宗などがあるが、王朝を開いた人物につけられる廟号として、始祖・太祖・高祖などが用いられる。従って始祖という廟号をおくられたということは、王朝の開祖であると認識されていたことを示す。

神元帝力微《りきび》に始祖の廟号をつけたのは、北魏初代の道武帝《どうぶてい》で、かれが皇帝に即位したときに、過去の君主二八人に対して皇帝号と廟号を与えた。これを追尊《ついそん》という。よって道武帝は神元帝を開祖と見ていたことになる。くわえて、神元帝には檀石槐のような誕生伝説もある。天女と交わって神元帝が生まれた話は、漢民族はもとより、トルコ系・モンゴル系・ツングース系の北アジア諸部族の間によくある話で、これこそ神元帝を始祖とあおぐ拓跋部の開国伝説にほかならないと田村実造氏はいう（田村実造『中国史上の民族移動期』創文社、一九八五年）。

真人代歌が伝えるもの

拓跋部には真人代歌《しんじんだいか》という鮮卑語の歌がある。真人代歌は、開国伝説からその後の拓跋部の歴史を一五〇章にまとめたもので、北魏が洛陽に遷都するまで、朝夕、後宮において宮女たちが歌い、ときに宴会や祭祀でも楽器の伴奏つきで歌われた。

道武帝は鄧淵《とうえん》という漢人に命じて、真人代歌をもとに『代記《だいき》』という歴史書を書かせたが、さらに『代記』の内容をもとに、魏収が序紀の（3）（4）の部分を書いたと考えられる（田余慶『拓跋史探』生活・読書・新知三聯書店、二〇一一年）。なお序紀の（1）（2）は道武帝が皇帝に即位したときに創作された部分で、拓跋部が本来保有していた歴史は、真人代歌として歌い継がれたもので、それが序紀の（3）（4）の部分にあたる。つまり神元帝以降の歴史が拓跋部本来の歴史にあたる。

真人代歌は北周・隋でも西涼楽《せいりょうがく》（西域の音楽）と一緒に演奏され、唐まで残るが、唐のころには全一五〇章のうち、残ったのは五三章で、うち題名がわかるものが慕容可汗《ぼようかがん》・吐谷渾《とよくこん》・部落稽《ぶらくけい》・鉅鹿公主《きょろくこうしゅ》・白浄王太子《はくじょうおうたいし》・企喩《きゆ》の六章である。鮮卑語なので内容は理解できなくなっていたという。おそらく「真人代歌」は鮮卑語の歌詞を、漢字を使用して表記したのであろう。もし鮮卑語の歌詞を漢訳したものであれば、歌の内容は理解できたはずである。

序紀の南下伝説は本当か

序紀の黄帝の子孫が大鮮卑山に住んだという話は、拓跋部が中華の開祖である黄帝の子孫であるという中華の正統性と、大鮮卑山に住んだ拓跋部が匈奴にかわって北方の地を支配した鮮卑であるという遊牧世界の正統性の両方を持っていることを主張するため、北魏が建国されたときに創作されたものである。また始均が五帝の堯や舜に仕えて田祖（農業担当官）になったという話も、古くから農耕世界との関係を有していることを示すための創作である。

序紀は、北方の大鮮卑山に住んでいた拓跋部が、前一世紀後半の匈奴の南下にあわせて南に移動し、さらに二世紀中頃の檀石槐の鮮卑国家に参加するため、ふたたび南下して匈奴の故地に入ったというストーリーに仕立てているが、序紀に描かれる拓跋部南下のストーリーは、『史記《しき》』や『山海経《せんがいきょう》』（古代の地理書）など中国の古典を引用して書かれている（吉本道雅「魏書序紀考証」『史林』九三巻三号、二〇一〇年）。

たとえば『山海経』には、「始均は北狄《ほくてき》に生まれる」とあり、黄帝の子孫である始均は北狄、すなわち北方の異民族とされている。また「東胡《とうこ》は大沢の東にあり」と書かれていて、王沈『魏書』に鮮卑はもと東胡であるとなっているから、東胡は鮮卑のことで、大沢の東に鮮卑がいたことになる。

さらに『山海経』には「大沢は雁門《がんもん》の北、雁門は高柳《こうりゅう》の北にある」とある。高柳の北には檀石槐が本拠をおいた弾汗山《だんかんざん》があり、その北に大沢が位置する。よってこれらを配置していくと序紀が想定する大鮮卑山・大沢・弾汗山の位置関係が完成するのである。

拓跋部が黄帝の子孫であることは、だれもがウソだと気づくが、鮮卑山に住んだということに対して疑わないのはなぜだろうか。拓跋部はみずからを鮮卑であると主張した。そのため大鮮卑山に住んだと序紀で書いた。とすれば、鮮卑であったということも疑ってみる必要があるのではないか。

拓跋部の起源にせまる新研究

韓昇《かんしょう》・蒙海亮《もうかいりょう》「隋代鮮卑遺骨反映的拓跋部起源」(『学術月刊』二〇一七年第一〇期)は、北魏皇族の末裔である隋の元威《げんい》の父系遺伝子を調べ、それがロシア連邦東部のザバイカリエに高頻度に分布することから、拓跋部はザバイカリエ地区から呼倫湖(フルン・ノール)に移動したと結論づけ、嘎仙洞を拓跋部発祥地とする従来説に異を唱える。

拓跋部の発祥地については、これまでの文献史学と考古学にくわえて、遺骨の形質を分析する形質人類学、さらには遺骨の遺伝子型の分析からせまる分子人類学が取り入れられるようになってきた。韓昇・蒙海亮の研究も、そうした新たな研究分野の成果である。ただ遺伝子型の分布から、元威と同じ遺伝子型の分布状況はわかるが、拓跋部という集団の形成とどのようにつながるのか不明である。ザバイカリエに居住していた時期に拓跋部と称していたとは思われない。

拓跋部が集団を形成したのは、三世紀中頃の神元帝のときであって、それ以前の歴史は北魏建国後に創作されたものである。檀石槐がモンゴル高原におよぶ鮮卑国家を築いたときには、拓跋部はまだ誕生していない。序紀のなかで拓跋部の部族長として推寅《すいいん》を登場させたのは、檀石槐の鮮卑国家の西部の部族長の推演と結びつけるためであり、かつ中部の部族長の慕容に対抗するためである。

拓跋部という集団が形成されないことには、拓跋部の故郷はどこかを議論することはできない。拓跋部の形成期に住んでいたところは、内モンゴル南部のフフホトの周辺である。鮮卑の中心をなす遊牧民はもともと遼東の北のシラムレン河に住んでいて、二世紀中頃、檀石槐のときに大きく勢力を拡大し、モンゴル高原に及んだ。このとき多くの部族が鮮卑を称した。しかし拓跋部はそれよりもおくれて三世紀中頃に登場する。後発の拓跋部は、先行する慕容部にならって鮮卑を称した。『晋書《しんじょ》』に「鮮卑力微」と書かれていることから、神元帝力微の頃に鮮卑を称したことがわかる。拓跋部がいたフフホト周辺は、檀石槐の鮮卑国家では西部にあたる。そこで西部の部族長の一人である推演を拓跋部の先祖の部族長の推寅に仕立てた。

さらに鮮卑であることを主張するために、鮮卑山に住んだという話を盛り込んだが、鮮卑山は『山海経』や王沈『魏書』によれば、弾汗山の北にある大沢のさらに北に位置する。そこで大鮮卑山から大沢をへて檀石槐の西部（匈奴の故地）に出るという南下伝説を北魏建国時期に創作した。

拓跋部はみずからを鮮卑とした。しかしそれはもともとシラムレン河にいた鮮卑が拓跋部になったものではないし、ましてや大興安嶺にいた遊牧民が南下してきて拓跋部になったものでもない。三世紀中頃にフフホトあたりにいた遊牧民が拓跋部をつくり、そこではじめて鮮卑を名乗ったというのが私の理解である。

第二章 部族を集めろ
「代国」の時代

鮮卑の武人をかたどった陶持盾武人俑。北魏元邵墓出土、洛陽博物館蔵。写真提供・CPCphoto

この章では、三世紀中頃から四世紀後半までの拓跋部の動きをみていく。神元帝のもと各地の部族を吸収して成長した拓跋部。しかしその成長の過程は決して順調なものではなかった。外部との戦争、内部での抗争。幾多の困難をどのように乗り越えて、北魏を建国するのか。その過程を具体的に見ていこう。まずはそれに先立ち、拓跋部の構造についておさえておく。

1　神元帝の拓跋国家

部族とは

ここまで部族という語を用いてきたが、いったい部族とは何か。

部族とは、おもに近代以前の人間集団をいうときに使用される学術用語である。共通の言語・文化を有し、一定の地域内に住んで同族意識を持つ集団を部族と呼んでいる。部族と似た用語に民族がある。民族は、言語・人種・文化・歴史を共有し、同族意識によって結ばれた集団を指す場合に用いられる。また部族より小さな血縁集団を指す場合には氏族が用いられる。部族・民族・氏族の概念上の区別は必ずしも明確ではないが、集団の規模の違いで氏族＜部族＜民族としている。

では拓跋部はどのような構造になっていたのか。世襲でリーダーを出す拓跋氏を中心に、拓跋氏から分かれた七族（紇骨《こつこつ》氏・普《ふ》氏・抜抜《ばつばつ》氏・達奚《たつけい》氏・伊婁《いろう》氏・丘敦《きゅうとん》氏・侯《こう》氏）と拓跋氏の親戚筋の乙旃《おつせん》氏・車焜《しゃこん》氏の計一〇の氏族が帝室十姓《ていしつじっせい》と呼ばれ、拓跋部を形成している。

神元帝以降、各地の部族を吸収して拓跋部を中心とする部族連合体である部族国家（拓跋国家）が築かれた。部族国家の基本は、中核をなす部族とそれに従属した諸部族からなる連合体である。そこに農耕民や商人も加わる。『魏書』官氏志には、神元帝のとき七五の部族が従ったとあるが、これら部族は拓跋部の勢力の強弱により、離合集散をくりかえす。強い時には従い、弱い時には離れていく。また拓跋部とそれに従う部族で構成された拓跋国家の周囲には、宇文部《うぶんぶ》・慕容部《ぼようぶ》・賀蘭部《がらんぶ》・尉遅部《うっちぶ》などの部族があり、これらは拓跋部と婚姻関係を結んだり、人質を交換したりして同盟関係を維持したり、ときに敵対関係になることもあった。

なお『魏書』官氏志は北斉の魏収が書いたもので、神元帝のときに服属したとされる七五の部族は、拓跋国家の発足時から参加していたかのように書かれているが、実際は神元帝以降の征服活動のなかで拓跋部に従ったものが多い。

神元帝の即位

神元帝が部族長となったとき、拓跋部の勢力はまだまだ弱小で、西隣にいた部族に攻められて部族が離散してしまった。そこで神元帝は没鹿回部《ぼつろくかいぶ》の部族長竇賓《とうひん》のもとに身を寄せた。神元帝には英雄の素質があったが、竇賓をはじめ周囲の人々ははじめそれに気づいていなかった。そんな折、竇賓の信頼を得る事件がおこる。神元帝と竇賓が西隣の部族を攻めたが敗れ、竇賓は自身の馬を失って、徒歩

神元帝力微の像。内モンゴル自治区、盛楽博物館。著者撮影

で逃げるというピンチに陥った。そのとき神元帝は自分の駿馬を人づてに竇賓に譲り、おかげで竇賓は無事帰還できた。

　竇賓は馬を譲ってくれた人物を探し出して褒美を与えると部族内におふれを出したが、神元帝は申し出なかった。しばらくして真相を知った竇賓は感激し、部族の半分を与えようとしたが、これも辞退したため、娘を与えることにした。こうして竇賓の信頼を得た神元帝は、部族を率いて長川《ちょうせん》（内モンゴル自治区ウランチャップ）に拠点を構え、十数年かけて離散した部族民を呼び戻した。

　竇賓は臨終にあたって二人の息子たちに神元帝をリーダーに奉じるように託したが、息子たちは従わず、竇賓の葬儀において神元帝を殺害する計画をたてた。しかしその陰謀をもれ聞いた神元帝は、まず竇賓の娘である妻を殺し、妻が急死したと二人に告げたうえで、あわてて駆け付けた二人を捕らえて処刑した。

　なぜ神元帝は妻を殺害したのか。王沈『魏書』に烏丸のこととして、その性格は荒々しく、怒れば父兄を殺すが、母は決して殺さない。母には部族があり、報復を恐れるからであると説明されるように、母（妻）はほかの部族から嫁いでくる（族外婚という）。そのため母（妻）に危害を加えることは部族同士の争いに発展する危険な行為なのである。しかし自分に従わない部族に対しては、徹底的に叩く。神元帝は、竇賓の息子たちが自分に従わないとわかったことで、この部族を完全に自己の部族に取り込むことを考えたのであろう。そのために竇賓の娘である妻を殺し、竇賓の息子たちも殺して、その部族を自分のもとに組み込んだ。

匈奴の全盛期を築いた冒頓単于《ぼくとつぜんう》もおなじことをしている。クーデターで父親を殺害したあと、自分の継母と異母弟および服従しない大臣をことごとく殺して、単于になった。これも自分に従わないものを排除することで、部族に対する支配を徹底しようとする意図がうかがえる。遊牧社会におけるすぐれたリーダーは、時として非情な手段でリーダーシップを発揮する。それによって部族はまとまり発展することができるのである。

神元帝の果敢な行動により、ほかの部族長たちは恐怖し服従した。これにより拓跋部の騎馬軍団は二〇万になったと序紀にいう。なお、母（妻）殺しは、北魏になってから第三章に述べる子貴母死《しきぼし》という制度をうむことになる。

天を祭る

神元帝は即位三九年目（二五八年）に盛楽《せいらく》に拠点をうつし、四月に天を祭った。このとき部族長たちが参加したが、白部《はくぶ》の部族長だけが参加しなかった。そこで神元帝は白部の部族長を呼び出して殺してしまった。震撼する部族長たちを前に、神元帝は告げた。「わしが歴史をみるに、匈奴《きょうど》や蹋頓《とうとん》（曹操に殺された烏丸のリーダー）らは暴利をむさぼり、中国の辺境の民を掠奪した。得るところがあると言っても、死傷者がでれば補塡はきかず、さらなる報復を招き、人々は苦しむことになる。これは長期的な計ではない」と。かくて神元帝は三国の魏と同盟をむすび、長男の沙漠汗《さばくかん》を人質として魏の首都洛陽に送った。

四月に天を祭ることは、遊牧社会において広くみられる。遊牧社会では、晩春と晩秋に家畜をつれて移動する。その移動にあたって、部族を集めて祭りを行う。晩春の集会では、祖先・天地・精霊を祭り、晩秋の集会では、家畜の数を調べ、競馬や相撲などをして盛り上がる。北魏でも平城にいたときには、毎年四月に平城の西郊外の郊天壇《こうてんだん》で天を祭り、九月から一〇月に、平城の北東郊外の白登山《はくとうざん》で祖先と天を祭り、家畜を数えた。この話は第三章で詳しくふれる。

遊牧民の祭りは、現在のモンゴル国でもナーダムとしておこなわれている。そのうち最大の国家主催のイフ・ナーダムは、革命記念日にちなんで七月一一日から三日間、首都ウランバートルで開催され、モンゴル相撲（ブフ）、競馬、弓射の三つの競技がおこなわれる。

沙漠汗の悲劇

神元帝の長男の沙漠汗は、二六一年（魏の景元《けいげん》二年）に洛陽に入った。これにより魏と拓跋部との使者の往来や交易がはじまり、魏から多額の金・絹が送られた。魏が西晋にかわってもこの関係はつづいた。

二七五年（西晋の咸寧《かんねい》元年）冬、沙漠汗は帰国することになった。帰国にあたり、西晋の武帝は牛車一〇〇台分にもなる餞別を持たせた。一行が并州《へいしゅう》（山西省）に差し掛かったとき、この地をおさめ

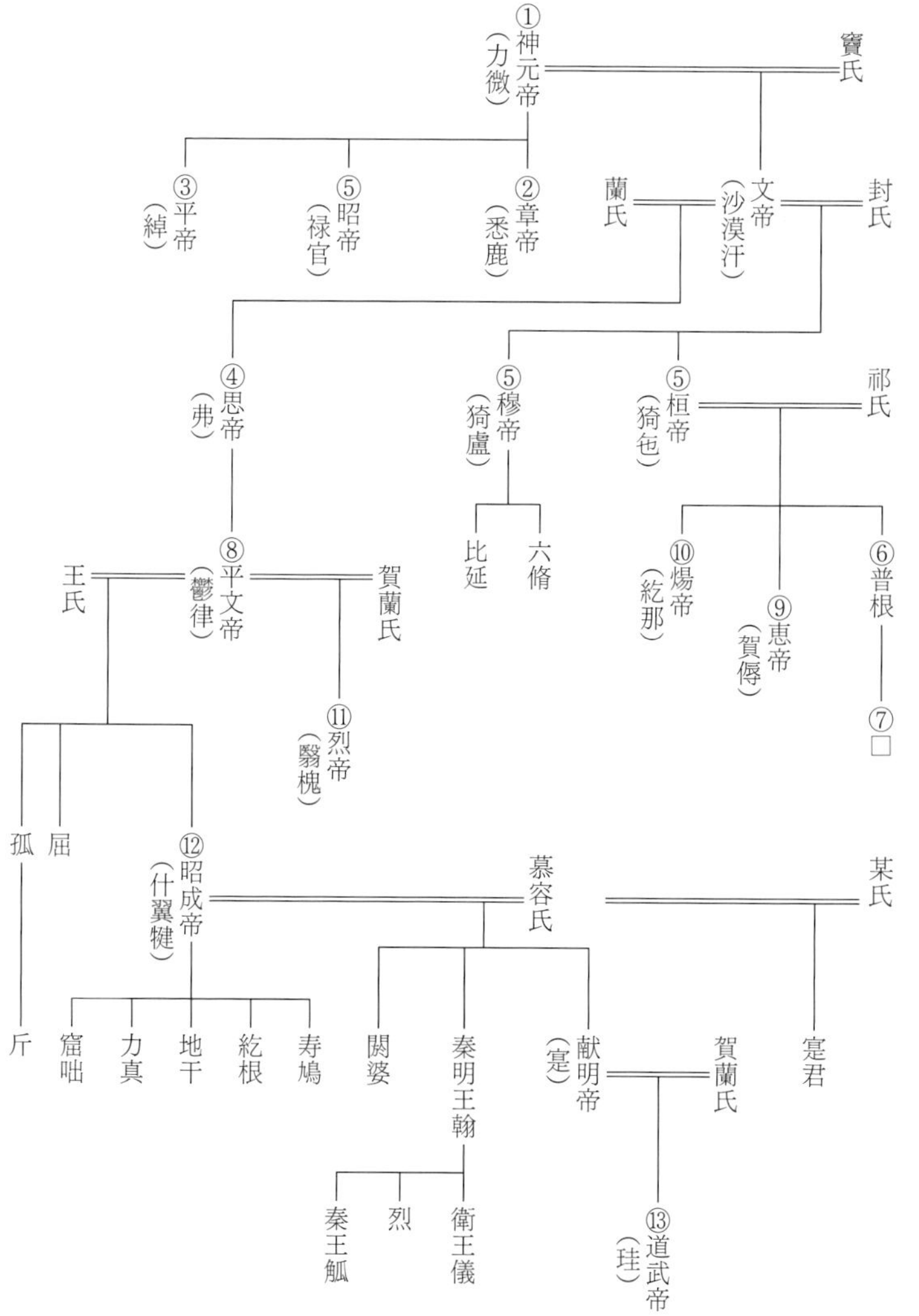
①神元帝（力微）
竇氏
③平帝（綽）
⑤昭帝（禄官）
②章帝（悉鹿）
蘭氏
文帝（沙漠汗）
封氏
④思帝（弗）
⑤穆帝（猗盧）
⑤桓帝（猗㐌）
祁氏
比延
六脩
⑩煬帝（紇那）
⑨恵帝（賀傉）
⑥普根
⑦□
王氏
⑧平文帝（鬱律）
賀蘭氏
⑪烈帝（翳槐）
孤
屈
⑫昭成帝（什翼犍）
慕容氏
某氏
斤
窟咄
力真
地干
紇根
寿鳩
閼婆
秦明王翰
献明帝（寔）
賀蘭氏
寔君
秦王觚
烈
衛王儀
⑬道武帝（珪）
代国時代の拓跋氏系図

る并州刺史《へいしゅうしし》の衛瓘《えいかん》は、沙漠汗を留めるよう秘かに武帝に進言した。衛瓘は沙漠汗がすぐれた人物で、のちのち西晋にとって危険な存在になると危惧したのである。

しかし武帝は拓跋部との信用を損ねることをおそれ、認めなかった。そこで衛瓘は拓跋部の部族長たちにワイロをおくり、沙漠汗を殺させる計画をたてた。武帝もそれを許可し、部族長たちにワイロが行き渡るまで沙漠汗の帰国をのばした。

二七七年（咸寧《かんねい》三年）、沙漠汗が帰国することを知った神元帝は喜び、部族長たちを陰館《いんかん》まで迎えにやらせた。その場で酒宴が催されるなか、沙漠汗は空を見上げ鳥が飛んでいるのをみると、部族長たちに「わしがお前たちのためにあの鳥をとってやろう」と、弾丸をはじき、弦の音とともに鳥が落ちた。この当時、拓跋部の人々は弾丸を発射する弩《ど》（弾丸式ボーガン）を知らず、おおいに驚くとともに、中華に染まった太子が跡継ぎになれば、拓跋部の素朴な習俗は変えられ、部族長の立場も危うくなると判断した。そこで先に帰ってこのことを神元帝に報告した。

神元帝も沙漠汗が中国に行ってから、手元に残った子供たちに愛情が移っていた。そこに部族長たちの報告がダメ押しとなり、ついに「迎えるべきでないものは速やかに排除せよ」と沙漠汗の殺害を命じてしまった。この年、神元帝と沙漠汗の二人のリーダーを失った拓跋部は部族が離散し、衛瓘の思惑通りの展開となった。

一〇四歳で死んだ神元帝

神元帝は在位五八年、一〇四歳で死んだと序紀に書かれている。これは本当なのか。神元帝がこれほど長生きなのは、即位した年を「庚子《こうし》の年」としたためである。「庚子（かのえね）」とは十干十二支で年を表記する方法で、西暦二二〇年にあたる。この年は、後漢から魏へ王朝交替した年。中華世界では魏王の曹丕へ天命がおりたが、それと同時に北方でもおなじ天命が神元帝のもとにおりた。中華の地におりた天命は魏となったが、二六五年に晋にかわってついえた。

一方、北方におりた天命は神元帝以降、拓跋部の君主に引き継がれ、三八六年、拓跋珪のもと魏王として現れ、三九八年には北魏皇帝となった。すなわち北魏建国の正統性を創出するための演出として、神元帝の即位を魏の建国とあわせた。そのため死亡時一〇四歳となったのだ。実際に神元帝が部族国家をきずいたのは、二五〇年頃のことで、二七七年に死去するまでの二七年間ほどが本当の在位期間で、死亡時は五〇歳くらいと考えられる。

拓跋国家の三分割

神元帝の死後、拓跋部のリーダーは神元帝の子孫によって世襲されていく。継承にあたっては、先代のリーダーが死んだときリーダーにふさわしい能力（年齢・性格・母親の出自など）を備えている人物が、部族長たちによって選出される。

神元帝の死後、章帝《しょうてい》（在位九年）・平帝《へいてい》（在位七年）・思帝《してい》（在位一年）とリーダーがかわったが、匈奴の宇文部《うぶんぶ》と同盟を結ぶなどして、徐々に勢力を取り戻していった。そしてつぎの昭帝《しょうてい》・桓帝《かんてい》・穆帝《ぼくてい》の三人によって、拓跋部は三分割され、それぞれが独自の活動を展開していく。

昭帝は東部（上谷《じょうこく》の北）、桓帝は中部（代郡《だいぐん》の北）、穆帝は西部（盛楽《せいらく》）をそれぞれ治めた。東部の昭帝は匈奴宇文部と婚姻関係を築いた。中部の桓帝は、ゴビをこえて西方の二十余国を従えた。西部の穆帝は、并州に侵入し、そこに住む遊牧部族を雲中《うんちゅう》・五原《ごげん》・朔方《さくほう》に移し、さらに黄河をわたってオルドスに入り、匈奴や烏丸をうった。

二九六年（西晋の元康六年）、文帝（沙漠汗）の長男である桓帝が中部のリーダーに即位すると、亡き父（文帝）と母（封氏）の葬儀を執り行った。その際、西晋の成都王司馬穎《せいとおうしばえい》・河間王司馬顒《かかんおうしばぎょう》・并州《へいしゅう》刺史司馬騰《しししばとう》がそれぞれ使者を派遣し、会葬者は二〇万人にのぼったという。ここに名前のあがった西晋の人物は八王《はちおう》の乱《らん》の関係者である。西晋では武帝の死後、暗愚な恵帝が即位したために皇后の賈氏《かし》一族が実権をにぎった。その賈氏一族を排除すると、今度は帝位をめぐって諸王たちが抗争をくりひろげた。これを八王の乱という。このとき諸王たちは鮮卑や匈奴などと手を組んで、自身の軍事力強化をはかった。それが結果的に匈奴劉淵《りゅうえん》の自立をまねき、五胡十六国時代を招来してしまった。

2　西晋と代国の成立

五胡十六国

三〇四年の匈奴劉淵の自立から、四三九年の北魏による華北統一までを五胡十六国時代という。五胡とは、一般的に匈奴《きょうど》・羯《けつ》・鮮卑《せんぴ》・氐《てい》・羌《きょう》の五つを指すが、これは一三世紀頃に定められたものである。そもそも五胡の五は多くのという漠然とした意味であって、ほかに三夷、四夷、六狄、七戎、八蛮、九夷、百蛮など様々な表現があった。一方、十六国については、北魏の崔鴻《さいこう》がこの時代を『十六国春秋』という歴史書にまとめたことから、この歴史書に掲載されている一六ヵ国を指す。ただしこの時期に建国された国は二〇以上ある。よって十六国という言い方は正確ではない（三﨑良章『五胡十六国』東方書店、新訂版、二〇一二年）。

西晋と北魏の間に位置する五胡十六国時代は、雑多な異民族が興亡を繰り返した時代で、その異民族による混乱をおさめ、華北に安定をもたらしたのが北魏の太武帝であるとされるが、この理解は北魏の崔鴻『十六国春秋』の歴史認識が反映されたものである。『十六国春秋』は、五胡諸国の歴史書をもとに、①前趙録②後趙録③前燕録④前秦録⑤後燕録⑥後秦録⑦夏録⑧前涼録⑨蜀（成漢）録⑩南燕録⑪後涼録⑫西秦録⑬南涼録⑭西涼録⑮北涼録⑯北燕録の一六国にまとめたものである。ここには北魏の前身である拓跋部の代国は含まれていない。拓跋部は十六国とは違うという歴史認識が反映されているからだ。

この歴史認識を受けついだのが、唐で編纂された『晋書』である。『晋書』は、西晋と東晋の歴史をまとめた歴史書であり、五胡十六国の歴史を巻一〇一～一三〇の「載記」に書いた。「載記」とは中華王朝に従わなかった地方政権を扱うものであるが、その冒頭に、劉淵が漢を称してから一三六年の間、戦国の世が続いたと書いている。劉淵が漢を称したのは三〇四年のこと。それから一三六年目は四三九年。すなわち北魏太武帝が北涼を平定した年である。ここに五胡十六国が三〇四年から四三九年までという認識が生まれた。と同時に、五胡十六国は、「五胡擾乱《ごこじょうらん》」、すなわち五胡によって華北に破壊と混乱がもたらされた戦国の世という認識も生まれた。拓跋部も五胡の一つとして活動してい

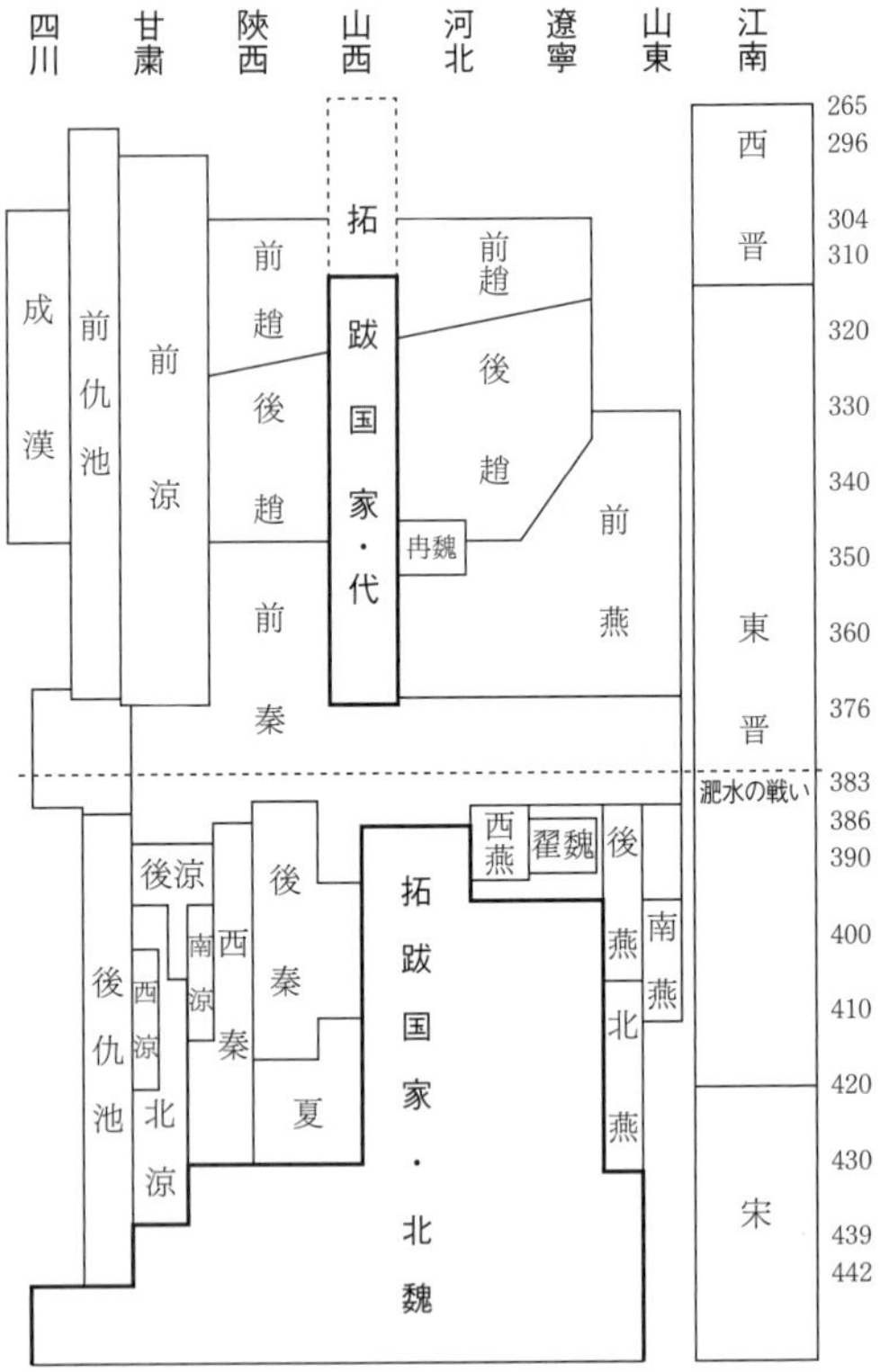

「十六国」興亡図

たのであり、ほかの十六国との違いはない。しかし十六国に含まれていないのは、このような歴史認識が関係しているのである。

黄帝の末裔

三〇四年、山西で匈奴の劉淵が漢王を称して自立すると、当地をおさめる并州《へいしゅう》刺史《しし》の司馬騰《しばとう》は、桓帝に救援をもとめた。その援軍要請にこたえ、桓帝と昭帝が一〇万騎を派遣して、劉淵を西河・上党で撃退した。翌年、桓帝は再び劉淵を討ち、その功績によって西晋から仮大単于の金印をもらった。桓帝はその年に死去し、二年後には昭帝も死んで、のこった穆帝が三部を統一した。

なお桓帝について、おもしろい話が残っている。桓帝は馬がその重さに耐えられないほど立派な体格で、つねに角の重さが一石（約三〇キロ）もある牛にひかせた車に乗っていた。あるとき虫にあたって嘔吐したが、その場所から楡《にれ》の木が生えた。この場所にはもともと楡の木はないので世の人は不思議がって、その由来をいまに伝えたという。

さらに桓帝の功績をたたえた碑文が大邗城の南に建てられた（三〇六年）。碑文は漢人の衛操が書

国名	建国者	時期	種族
成漢	李雄	304～347	巴
漢・前趙	劉淵	304～329	匈奴
後趙	石勒	319～351	羯
＊冉魏	冉閔	350～352	漢
前燕	慕容皝	337～370	鮮卑
＊前仇池	楊茂捜	296～371	氐
前涼	張軌	301～376	漢
＊代	拓跋猗盧	310～376	鮮卑
前秦	苻健	351～394	氐
＊西燕	慕容沖	384～394	鮮卑
後燕	慕容垂	384～407	鮮卑
南燕	慕容徳	398～410	鮮卑
北燕	馮跋	407～436	漢
＊翟魏	翟遼	388～392	丁零
後秦	姚萇	384～417	羌
西秦	乞伏国仁	385～431	鮮卑
夏	赫連勃勃	407～431	匈奴
後涼	呂光	386～403	氐
南涼	禿髪烏孤	397～414	鮮卑
北涼	沮渠蒙遜	397～439	盧水胡
西涼	李暠	400～421	漢
＊後仇池	楊定	385～442	氐

十六国表。＊は『十六国春秋』に掲載されない国

いたものである。その碑文が北魏の皇興元年（四六七年）に大邘城の南で掘り起こされた。美文ではないが、当時のことが記載されているという理由で記録され、『魏書』衛操伝に収録された。この碑文は五胡十六国時代の拓跋部の活動について、かれら自身が書き残した史料として重要である（内田吟風「北魏大邘城南碑文考」『龍谷史壇』九九・一〇〇号、一九九二年）。

その碑文の冒頭に「魏《ぎ》、軒轅之苗裔《けんえんのびょうえい》」と出てくる。当時、まだ魏という国号は称していないので、冒頭の魏というのは、おそらく魏収が『魏書』を書くにあたって変更したものであって、もともとは拓跋という表記であったと思われる。軒轅とは黄帝の別名で、このころすでに拓跋は黄帝の末裔であると主張していたことになる。西晋と交流を持つに至って、また衛操など漢人が参加することで、拓跋部に中華世界の始祖である黄帝とのつながりを主張する考えが導入されたのであろう。

代国の封建

三一〇年（西晋の永嘉《えいか》四年）、穆帝は西晋の并州刺史の劉琨《りゅうこん》と同盟し、白部と鉄弗部《てつふつぶ》を撃退し、その功績によって西晋から大単于・代公に封じられ、句注陘《くちゅうけい》の北（山西省北部）の土地をもらい、ここに一〇万家（約一五〇万人）の遊牧民を移した。なおこのとき敗れた鉄弗部はオルドスに逃れ、拓跋部と死闘を繰り広げたのち、赫連勃勃《かくれんぼつぼつ》（赫連は天を意味する匈奴語の祁連《きれん》）のとき十六国の夏《か》を建国する。

穆帝は本拠である盛楽を北都、新たに入手した平城（山西省大同市）を南都とした。さらに平城の南東に新平城（山西省応県《おうけん》）をきずき、息子六脩《ろくしゅう》に治めさせた。さらに三一五年（西晋の建興三年）、穆帝は西晋から代王の爵位をもらった。ここに代国が成立する。

拓跋部は部族を集めて国家を形成していったが、それはあくまで拓跋部のリーダーのもとに寄せ集められた部族連合体であった。そこに中華王朝から「代国」に封建されたことで、中華世界の一員として認められることになった。現在でいうところの国際連合に加盟し、国際社会の一員になったようなものである。この代国という国号は、その後の拓跋部の歴史に深くかかわっていくことになるが、それは第三章で詳述する。

あらたに山西北部に勢力を拡大した穆帝は、部族内における命令の徹底を図ろうと、決められた期日に集合しなかった場合、部族全員を処刑するという法を定めた。これに対して息子六脩が反発して召喚命令を無視したため、穆帝は攻めたが返り討ちにあい、民間に潜伏したすえに死亡した。この混乱によって、拓跋部に従っていた漢人や烏丸などが去っていった。

「女国」と呼ばれる

三一六年（建興四年）、西晋の愍帝《びんてい》が匈奴の前趙《ぜんちょう》劉曜《りゅうよう》に殺され、西晋が滅亡した。このころ即位した平文帝は、西は烏孫《うそん》の故地（天山山脈北側）、東は勿吉《もっきつ》以西（吉林省）を支配し、騎馬軍団一〇〇万をもって中華を平定しようと考えた。これに対して、身内から横やりが入る。平文帝の人気が高まると自分の子供たちに不利になると考えた桓帝の妃の祁氏《きし》が、平文帝を暗殺したのである。そして祁氏は自分の子の恵帝を即位させた。

しかし恵帝は幼かったため、母親である祁氏が政治を取りしきった。そのため周囲の国から拓跋部は女国と称された。恵帝が即位五年目に死去すると、弟の煬帝《ようてい》（ヨウダイと読む場合は隋の煬帝を指す）が即位した。このあと拓跋国家は、煬帝と平文帝の長子の烈帝《れつてい》との間でリーダーをめぐる争いを繰り返す。そこに賀蘭部・宇文部・慕容部・後趙《こうちょう》といった拓跋部と同盟関係にあった部族の介入もあって混迷を深める。烈帝は臨終にあたって、後趙に人質として派遣した弟の昭成帝《しょうせいてい》を呼び戻してリーダーとするように遺言し、昭成帝の母の王氏の尽力もあって、昭成帝がつぎのリーダーに迎えられた。

3　昭成帝の改革

三三八年、一九歳で即位した昭成帝（什翼犍《じゅうよくけん》、字は鬱律旃《うつりつせん》）は即位一年目を「建国元年」とした。ここに新たな国家を建設する意気込みが感じられる。

昭成帝の新たな国づくりの手始めは百官を置いたことである。このとき設置された官職は晋の官職をもとにしている。具体的に名前がわかるものは左長史・右長史・郎中令などであるが、いずれも代王の顧問官で、燕鳳《えんほう》とか許謙《きょけん》といった漢人が就任している。ついで翌年、左右近侍の職をおいた。これは代王の側近集団で、モンゴルのケシクテンと同じものである。人数に制限がなく一〇〇人以上にのぼった。職務は代王のテントに輪番で宿衛し、警護と命令の伝達にあたる。就任者は部族長または漢人豪族の子弟のなかから、容姿端麗でかつ頭脳明晰なものが選ばれた。この側近集団は北魏以降も内朝《ないちょう》という名前で存続する。

つぎなる改革として、拓跋部に服属した部族を統治するために、北部大人《ほくぶたいじん》と南部大人《なんぶたいじん》という二つの大人を設置し、南北二部大人が服属した部族を管理した。大人のもとに置かれた部族は、大きい部族を率いる者を酋長《しゅうちょう》、小さい部族を率いる者を庶長《しょちょう》に任命し、それぞれの部族を統治させた。なお北部大人は昭成帝の弟の拓跋孤《たくばつこ》、南部大人は昭成帝の息子の寔君《しょくくん》が就任した。部大人による部族の統治は北魏以降も実施された。

なお部大人による部族統治は、五胡十六国でも実施されていた。匈奴の前趙では大単于《だいぜんう》の下に左輔《さほ》と右輔《うほ》と二つの部族統治機構が置かれていた。名称こそ違うが原理的には同じ構造である。昭成帝は先行する五胡諸国の制度をまねたと考えられる。

石勒・石虎をお手本に

昭成帝の改革の目的は、拓跋部に服属した部族に対する代王の権力強化にある。そして昭成帝がこうした改革を実施した背景には、かれが人質として後趙にいたことが関係している。後趙は五胡の一つ羯族《けつぞく》の石勒《せきろく》が建国した。石勒はもと奴隷から盗賊をへて、後趙の君主にまでのぼりつめたが、粗暴な蛮人ではなく、漢人の知識人を集めて君子営《くんしえい》をつくるなど、中華制度を取り入れた国づくりを進めた。

石勒は三三三年に死去したが、三代目の君主となった石虎《せきこ》は、三三五年に襄国《じょうこく》から鄴《ぎょう》に遷都し、都城の造営を行い、三三七年には大趙天王《だいちょうてんのう》に即位した。石勒・石虎は昭成帝にとってはお手本のような存在である。なお天王という称号は、五胡十六国の君主が使用したもので、皇帝よりひとつ下のポジションを表す。皇帝を称するのは気が引けるという胡族の思いが込められた称号といえる。

後趙の襄国、ついで鄴にいた昭成帝は、中華式の都城を目の当たりにした。そこで帰国すると、㶟《るい》源川《げんせん》（桑乾河《そうかんが》）に首都を築こうと、部族長たちと連日議論を重ねたが、部族長たちの了承を得られなかった。そこに母親の王氏が出てきて「わが国はむかしから遊牧を生業としてきた。いま混乱を収めたばかりで国家の基礎も固まっていない。もし都市を築いて定住したら、敵が攻めてきてもすぐに移動できない」と反対し、首都建設は中止となった。

昭成帝は前燕《ぜんえん》の初代君主の慕容皝《ぼようこう》の妹を妻に迎えた。二年後に彼女が死去すると、慕容皝は娘を送ってきた。対して昭成帝も兄烈帝の娘を差し出した。その後、前燕の君主が交替すると、そのたびに婚姻関係が結ばれた。遼東の新興国である前燕は、拓跋部と婚姻関係を結ぶことで、河北へ進出したのである。

一方、昭成帝は陰山《いんざん》の北に遠征して高車《こうしゃ》（トルコ系の遊牧集団。車輪のついた住居を使用したことから高車とよばれた）を討ち、牛・馬・羊など数百万頭を獲得した。またオルドスに逃げ込んだ鉄弗部《てつふつぶ》の劉衛辰《りゅうえいしん》を討ち、捕虜や馬・牛・羊など数十万頭を得た。獲得した家畜は、征討の参加者の間で分配された。

昭成帝に討たれた劉衛辰は前秦《ぜんしん》の苻堅《ふけん》に泣きついた。苻堅は二〇万の軍を派遣し、代国の南境にせまった。代国に参加していた白部と独孤部《どくこぶ》が防衛にあたったが敗れ、代国の南部をおさめていた南部大人の劉庫仁《りゅうこじん》に一〇万騎を率いさせて石子嶺《せきしれい》で戦ったが戦況は不利であった。そこで昭成帝は部族を率いて陰山をこえてモンゴル高原へ避難した。しかしこのとき高車がそむいて四方から攻撃をうけたため、昭成帝はゴビを南にわたり、雲中にもどった。

昭成帝の死

しかし三七六年、昭成帝は庶長子（妾《めかけ》の生んだ長男）である寔君《しょくくん》に殺された。寔君はなぜ父親を殺したのか。ここにも後継者をめぐる暗闘があった。そもそも昭成帝は弟の孤に王位をゆずろうと考えていた。というのは、昭成帝が代王に即位できたのは、弟の孤が部族長たちを説得したからで、その恩に報いるため、昭成帝は孤を北部大人として国の半分を任せた。孤が病死すると、孤の子の斤《きん》があとを継いだが、彼は失態を犯したことで昭成帝の信頼を失い北部大人を外された。斤はそのことを逆恨みして昭成帝を暗殺しようと考えた。

そこで寔君を抱き込んで言った。「帝は慕容氏《ぼようし》の生んだ子を後継者にしようとしているが、お前が反乱を起こすのをおそれ、先にお前を殺そうと考えている。この頃、皇子たちが兵装して、夜間に武器を持ってお前のテントを巡回しているのは、スキをうかがっているのだ。オレはお前を不憫に思って知らせたのだ」と。このとき前秦軍が迫っていたので、皇子たちが武器を携帯してテントの間を巡回していた。これを見た寔君は斤の話を信じ、部下を率いて皇子たちを殺したうえで、昭成帝をも殺してしまった。昭成帝は在位三九年、五七歳であった。

昭成帝は代国に服属した諸部族を北部大人と南部大人とに統治させたが、そのとき部族の統治を任せたのが、弟の拓跋孤と庶長子の寔君であった。拓跋孤の息子の斤も本来は北部大人を引き継ぐ資格があったが、その任にふさわしくないと外された。寔君は後継者としての資格は十分にあったが、斤の甘言に乗せられてしまった。寔君が迷ったのは、自分の母親の出自が賤しいことで、慕容氏の生んだ子供たちに及ばないと思ったからであろう。寔君と斤は前秦軍に捕らえられ、長安に連行されて市場で車裂きの刑に処された。

昭成帝と苻堅

『晋書』苻堅載記《さいき》に次のような話がある。翼犍《よくけん》（昭成帝）は野蛮で仁義に欠けているので、太学（首都にある学校）に入れて礼儀を学ばせた。翼珪《よくけい》（道武帝）は父を捕らえた不孝者なので、これを蜀に流した。前秦の苻堅は太学にいって翼犍を召して聞いた。「中国では養生を学ぶことで長生きする。漠北では牛や羊をむさぼり食べて早死にするのはなぜか」翼犍は答えられなかった。そこで苻堅はまた「あなたのところに将となれる者がいれば、召して国家のためにも働いてもらいたい」というと、翼犍は「漠北の人は家畜を捕らえ、馬に乗り、水や草を求めるのが上手いだけで、どうして将として任用できましょう」と答えた。

『晋書』は唐代に編纂された歴史書で、五胡十六国のことが中華に従わない地方政権のことをまとめた「載記」に書かれているが、苻堅は五胡十六国のなかでもとくに英明な君主として描かれている。一方、拓跋部の君主は未開な野蛮人という位置づけである。五胡十六国時代に華北統一をはたし、東晋を占領して天下統一を達成しようとした苻堅を時代に挑戦する先駆者として『晋書』では描いている。『晋書』の編纂を命じた唐の太宗は、苻堅の中華統一の夢を自分が成し遂げたという意図で苻堅載記を書かせたのである。ここで紹介した昭成帝と苻堅のやり取りは創作である。昭成帝は息子に殺されているので苻堅には会っていない。ここにも中国における歴史書のプロパガンダ的役割をみることができる。歴史書の記述には、編纂にあたった王朝のスタンスが如実に表れる。

盛楽の遺跡

盛楽遺跡。内モンゴル自治区ホリンゴル県。著者撮影

七五の部族を服属させたとされる神元帝が拠点をおいた地が盛楽《せいらく》である。盛楽は内モンゴル自治区フフホト市の南四〇キロのホリンゴル県の土城子《どじょうし》遺跡だとされている。その土城子遺跡は、長年にわたって利用されていたことが発掘調査によって判明している。戦国時代の趙《ちょう》にはじまり、前漢の成楽県《せいらくけん》、北魏の盛楽城《せいらくじょう》、唐の単于都《ぜんうと》護府《ごふ》、遼《りょう》・金《きん》・元《げん》の振武城《しんぶじょう》、明《みん》代の紅城衛《こうじょうえい》と、中国王朝と遊牧王朝の両方においてこの地域の拠点とされている。このことは、ここが農耕世界と遊牧世界のはざまにあたることを意味する。

盛楽一帯は秦のときに雲中郡《うんちゅうぐん》がおかれたことから、雲中とよばれているが、この雲中は北・東・南の三方を山に囲まれ、西を黄河に挟まれた地域で、拓跋国家の時代には、毎年秋になると馬で埋め尽くされたという。馬の生育に適したこの場所を拠点に、神元帝は拓跋国家を築いていく。そして北魏建国以降も、雲中は代郡とあわせて「雲・代」として、国家発祥の地として重視されている。

二つの盛楽

しかし、ややこしいことに『魏書』序紀を読むと、「定襄盛楽《ていじょうせいらく》」と「雲中盛楽《うんちゅうせいらく》」と二つの盛楽が出てくる。定襄の盛楽と雲中の盛楽は別々の場所をいうのか、あるいは同じ場所をいうのか。ふるくから議論されているが、いまだ結論は出ていない。同じ場所であるとするのが、元代《げん》の学者、胡三省《こさんせい》である。盛楽は前漢のときは定襄郡に属し、後漢では雲中郡に属した。所属する郡の名前は違うが盛楽は一つであるというのが胡三省の考えである。

一方、清《しん》代の学者、董祐誠《とうゆうせい》は、定襄の盛楽と雲中の盛楽は別の場所であるとした。『水経注《すいけいちゅう》』に引用された『魏土地記《ぎとちき》』(北魏の地理書)に、「雲中城の東八〇里に成楽城あり。雲中宮は雲中故城の東四〇里にあり」と書かれており、北魏の一里(四五〇メートル)で計算すると、雲中城(故城)を起点に東四〇里(一八キロ)のところに雲中宮、東八〇里(三六キロ)のところに成楽城があることになる。ここでいう雲中宮が雲中の盛楽、成楽城が定襄の盛楽を指すと董祐誠は考えた。

私も董祐誠とおなじ考えである。『魏書』序紀を読むと、神元帝が即位三九年目に拠点をおいた場所を「定襄盛楽」とし、昭成帝が即位二年目に拠点を移したところを「雲中盛楽宮」と書いている。また『魏書』礼志には「雲中および盛楽神元の旧都において、神元帝以下七人の皇帝をまつる」とあり、また礼志のつづきには「雲中・盛楽・金陵の三ヵ所に各々太廟を立てる」とあって、神元帝が拠点をおいた定襄盛楽(神元旧都)と、昭成帝が新たに築いた雲中盛楽宮(雲中)とは別々であると読める。

さらに『魏土地記』によれば、雲中城（故城）—雲中宮—成楽城（盛楽）という位置関係にあることがわかる。これをもとに現在発見されている遺跡を重ねると、雲中城は雲中郡治（トクト県古城村遺跡）、雲中宮は昭成帝の築いた雲中宮（未発見）、盛楽城は神元帝の築いた定襄盛楽（ホリンゴル県土城子遺跡）となる。さらにトクト県古城村の雲中郡治遺跡とホリンゴル県土城子の盛楽遺跡の間は直線で三六キロで、『魏土地記』にいう距離とピッタリあう。

盛楽という同じ名前なので、同じ場所であると考えがちであるが、丁寧に史料をよむと、書き分けられていることに気がつく。

金陵も二つ？

三七六年に没した昭成帝の亡骸は金陵《きんりょう》に葬られた。それ以前の拓跋部の君主がどこに埋葬されたのかはわからないが、昭成帝以降、北魏の献文帝まで歴代の君主はみな金陵に埋葬された。では金陵とはどこなのか。『魏書』には「盛楽金陵」と「雲中金陵」という表記があるので、金陵も二つあることになる。そこでそれぞれの金陵に埋葬されたことが『魏書』に明記されている人たちを列挙すると、次のようになる。

〈盛楽金陵〉
献明皇后賀氏・昭成帝・道武帝・江夏公呂（道武帝の族弟）・長楽王処文（道武帝の子）
盛楽金陵は、昭成帝以前の代王とその妃、道武帝とその一族が埋葬された。ただし道武帝の二人の皇后（慕容氏と劉氏）については、死亡年、埋葬地について記録がない。書けない事情があったことをうかがわせる。

〈雲中金陵〉

明元帝・太武帝・文成帝・献文帝

平文皇后王氏・明元皇后姚氏・明元皇后杜氏・太武皇后赫連氏・太武皇后賀氏・文成皇后李氏・献文皇后李氏・孝文皇后林氏

景穆太子・景穆皇后郁久閭《いくきゅうりょ》氏・任城王雲（景穆太子の子）

雲中金陵については、明元帝から献文帝までの歴代皇帝、皇太子で亡くなった景穆太子、そしてそれぞれの皇后と子供たちが埋葬されている。ただ平文帝の皇后王氏がここに埋葬された理由は不明である。なお孝文帝の林皇后は、孝文帝の皇太子を生んですぐに死を賜ったことで（第三章で述べる子《し》貴《き》母《ぼ》死《し》）、雲中金陵に埋葬されたが、孝文帝の墓は金陵にはない。また臣下のなかにも金陵に陪葬された人たちがいたことが『魏書』からわかるが、どちらの金陵かは書かれていない。おそらく仕えていた皇帝の陵墓に陪葬されたのだろう。

こうしてみると、盛楽金陵は昭成帝・道武帝とその后妃および関係者、雲中金陵は明元帝以降の皇帝と后妃および関係者という区別があったようだ。

なお金陵はまだ見つかっていない。なぜ見つからないのか。どうやら拓跋部の墓のつくり方と関係しているらしい。『魏書』太祖紀によれば、昭成帝を金陵に埋葬したあと木が茂って林となったとある。また『宋書』索虜伝《さくりょ》によれば、拓跋部では死んだら埋葬するが墳丘（土盛り）はつくらないとある。つまり地表に目印がないために見つからない。

チンギスの墓探しとおなじく、北魏前期の君主の墓も未発見である。埋葬者は皇帝・皇后・大臣をはじめ、かなりの数にのぼる。もし発見されれば、北魏前期の支配者層の実態解明に大いに寄与する発見になるだろう。

盛楽博物館のホリンゴル漢墓の復元展示。著者撮影

盛楽博物館

二〇一〇年、土城子遺跡に隣接している盛楽博物館を訪問した。博物館の玄関前の広場には神元帝・穆帝・平文帝・昭成帝・道武帝の像が並んでいる。博物館内にはホリンゴル県と拓跋部の歴史に関する展示がある。拓跋部に関する展示の冒頭に「拓跋鮮卑南遷および北魏遷都路線図」という図版があり、嘎仙洞→大沢（フルン湖）→盛楽→平城→洛陽となっていた。余談になるが、ここで「平城の都城図」として掲げられていた図版をみた日本人研究者一行は目を疑った。なぜか北魏の平城に東大寺や長屋王邸《ながやおうてい》があったのだ。これは日本の平城京の図版を北魏の平城と間違えて使用したようである。

この博物館で目を引いたのは、ホリンゴル県新店子村《しんてんしそん》で発見された後漢晩期の壁画墓を再現した展示である。壁画は墓の主人の人生をたどる内容となっている。孝廉《こうれん》（官僚になるための資格）として推薦されたのち、郎《ろう》（見習い）をへて、河西長史《かせいちょうし》（郡の下級官吏）、行《こう》上郡属国都尉《じょうぐんぞっこくとい》（臨時の異民族統治官）、繁陽令《はんようれい》（県の長官）、護烏桓校尉《ごうがんこうい》（烏桓の統治官）になったことが、それぞれ壁画に描かれている。こうしてみると墓の主人は異民族担当のエキスパートであったようだ。そして埋葬されたこの地もまさに農耕世界と遊牧世界の接点に位置する異民族統治の前線にあたる。

第三章

部族を再編せよ

北魏の成立

大代の国号が刻まれた宋紹祖墓誌。
山西博物院蔵。著者撮影

道武帝《どうぶてい》（拓跋珪《たくばつけい》、字《あざな》は渉圭《しょうけい》）は一五〇年間存続する北魏の初代皇帝で、それまでの部族国家から中華王朝への転身をはかった皇帝といわれてきた。その重要なステップが、道武帝が断行した「部族解散」である。はたして、道武帝の築いた北魏は中華王朝なのか。本章では部族解散の実態、道武帝が創設した代人集団《だいじんしゅうだん》、二つの国号「大代《だいだい》」と「大魏《だいぎ》」などの側面からこの問題にせまる。

また道武帝が創設した独自のルールに子貴母死《しきぼし》と金人鋳造《きんじんちゅうぞう》がある。このルールは「魏の故事」として継承されていく。道武帝はなぜこのような独自のルールをつくったのか。その背景には、遊牧世界特有のルールがあった。

1　代王から魏皇帝へ

国号を「魏」に変更

前秦の攻撃をうけている最中、昭成帝が息子寔君《しょくくん》に殺されて代国は瓦解し、前秦の支配下にはいった。前秦は旧代国を二分し、独孤部《どくこぶ》の劉庫仁《りゅうこじん》と鉄弗部《てつふつぶ》の劉羅辰《りゅうらしん》にそれぞれ統治させた。このとき六歳だった昭成帝の孫の拓跋珪《たくばつけい》は長安に連行されるのをまぬかれ、独孤部に保護された。しかし劉庫仁の死後、部族長となった劉顕《りゅうけん》は、拓跋珪を暗殺しようとしたため、拓跋珪は母親の出身である賀蘭部《がらんぶ》に身を寄せた。

賀蘭部リーダーの賀訥《がとつ》は部族長たちから、拓跋珪を君主にするように請われた。部族長たちはなぜ拓跋珪を君主に推戴したのか。それはかれが「大国の世孫」だったからである。すなわち賀蘭部の部

拓跋珪（道武帝）の銅像。フフホト市ホリンゴル県の盛楽博物館前に立つ。著者撮影

族長たちにとって、かつての代国は大国であり、拓跋珪は代王昭成帝の嫡孫にあたる。代国は滅んだといっても、それを復興することが、自分たちにとっても有益だと判断したのである。それほどまでに代国と拓跋部のカリスマ性とブランド力が、遊牧世界に浸透していたのである。

かくて昭成帝の没後一〇年の三八六年春正月、拓跋珪は牛《ぎゅう》川《せん》（内モンゴル自治区ウランチャップ）にて代王に即位した。このとき西に向かって天を祭ったが、これは拓跋部の習俗として北魏前期にわたって続けられる。同時に「登国《とうこく》」という元号を建て、南部大人と北部大人をおいた。元号の制定と南北二部大人の設置は、昭成帝の改革が継承されていることを意味する。ところが、そのわずか三ヵ月後の四月、定襄の盛楽で魏王と改称した。つまり代国から魏国へと国号を変更したのである。

この突然の国号変更にはどのような意図があるのか。はっ

きりしたことはわからないが、私は以下の二点に注目する。

一点目は四月というタイミングと定襄の盛楽という場所。思い出してほしい。神元帝が定襄の盛楽で四月になにをしたか。天を祭ったあと、部族長たちに今後の方針として三国魏との同盟を持ち出し、二六一年には息子の沙漠汗を魏に人質として送っている。拓跋珪はこれを踏まえて魏王を称したのではないのか。三八六年の時点で三国魏は滅んでいる。滅んだ魏を拓跋珪のもと復興するという意図があったと考える。

二点目は、このころ五胡十六国の慕容垂《ぼようすい》が燕、姚萇《ようちょう》が秦を称していた。燕や秦といった戦国時代の七雄をおもわせる大国の名前があるなかで、代国ではマイナーすぎる。戦国時代にも代国はあったが、秦に滅ぼされている。燕や秦に対抗できる大国で、かつ神元帝のころから拓跋部と関係を有したのが三国魏である。

さらに大邗城南碑によれば、拓跋部は三〇六年の桓帝のころ、すでに軒轅《けんえん》（黄帝）の子孫を称していた。一方、三国魏も王沈『魏書』によれば「その先は黄帝より出《い》ず」とあって、同じく黄帝の子孫にあたる。これらのことから、拓跋珪は代王に即位したときから、つぎなるステップ、中華王朝の魏への転身を考えていたのであろう。

苦難の連続

代王に即位した拓跋珪にいきなり苦難がおそう。前秦に連行された叔父の拓跋窟咄《くっとつ》が、独孤部《どくこぶ》の劉《りゅう》顕《けん》とともに南から来襲したのだ。復活したばかりの代国は動揺し、代王の側近が部族長たちと謀反を

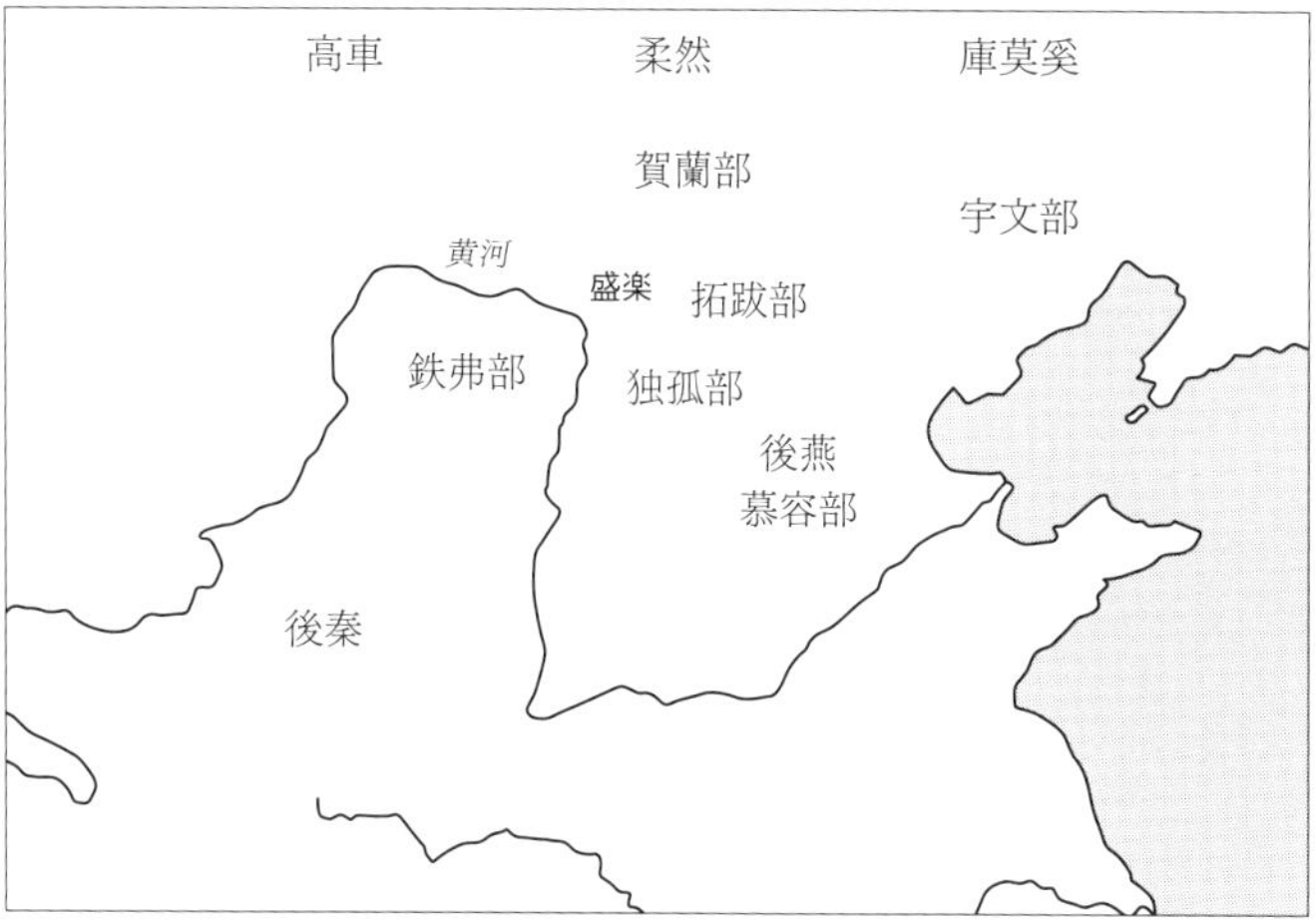

道武帝初期の華北

企てるまでにいたった。ただこの計画は漏れ、首謀者五人は処刑されて事なきを得た。拓跋珪はさらなる混乱を避けるため、陰山をこえて賀蘭部に避難すると同時に、慕容部に救援を求めた。

慕容部の救援が到着しないうちに、拓跋窟咄が国境にせまったため、北部大人の叔孫普洛《しゅくそんふらく》ら一三人とそのもとにいた部族が鉄弗部《てつふつぶ》に奔《はし》った。拓跋珪は慕容部の援軍と高柳で合流すると、協力して拓跋窟咄を打ち破り、敗れた拓跋窟咄は単身、鉄弗部の劉衛《りゅうえい》辰《しん》のもとに逃れ、そこで殺された。かくして拓跋窟咄の部族は拓跋珪がすべて収容した。

即位直後のピンチを慕容部の援軍により退けた拓跋珪は、翌年、独孤部の劉顕を馬邑《ばゆう》にて大破し、その部族を収容すると、ついでモンゴル高原に親征し、庫莫奚《こばくけい》・高車《こうしゃ》・柔然《じゅうぜん》を討ち、さらに慕容部と組んで賀蘭部とそれに服属する部族を討った。

三九一年には、黄河をわたってオルドスにいる鉄弗部の劉衛辰を滅ぼし、珍宝・家畜・名馬三〇万

四、牛・羊四〇〇万頭を得て、これらを部下に分配した。このとき劉衛辰の一族五〇〇〇人を皆殺しにしたのは、祖父昭成帝の死と代国滅亡に鉄弗部が関わっていたからである。なおこのとき後秦にのがれた勃勃《ぼつぼつ》は四〇七年、オルドスにて夏を建国し、北魏と対峙することになる。

周囲にいた独孤部・賀蘭部・鉄弗部を従えた拓跋珪にとって、残るのは慕容部の後燕とそれに従っていた宇文部となった。ついに慕容部との直接対決がはじまる。

参合陂の戦い

北魏が中華世界に乗り出すか、辺境で逼塞して終わるか。その分岐点が参合陂《さんごうは》の戦いである。三九五年、後燕の皇帝慕容垂が皇太子の慕容宝《ぼようほう》ら八万を派遣して攻めてきた。そこで拓跋珪は一旦オルドスに避難した。慕容宝は黄河をわたって追撃するのをやめ、東へ向かい参合陂に駐屯した。このときにわかに大風がおこった。西域僧の支曇猛《しどんもう》は、風気が荒れるのは魏軍がくる兆候である。兵を出して防ぐべしと慕容宝に進言したが、一笑にふされた。こうして油断している後燕軍に、北魏軍が襲いかかった。後燕軍は壊滅し、慕容宝ら数千騎は逃走したが、生還できたのは十に一、二というありさま。

参合陂の敗戦を聞いた慕容垂は、翌年、病をおして出兵し、参合陂にいたった。そこには昨年戦死した後燕軍の遺骸が山のように積まれていた。それを弔うと、一同慟哭し、慕容垂も悔しさのあまり血を吐き、病気が悪化し、帰国する途中、上谷で死んだ。後燕を退けた拓跋珪は「皇始」と改元し、天子の旗を建てた。つまり後燕の皇帝にかわり、みずからが中華の皇帝になる意思を表明したのである。

そののち二年かけて後燕の首都を平定すると、中華に伝わる皇帝の玉璽を手に入れた。なお皇帝の玉璽には皇帝六璽と伝国璽の二種類がある。皇帝六璽は漢代に皇帝が執務をするために作られた六つの玉璽、すなわち皇帝行璽・皇帝之璽・皇帝信璽と天子行璽・天子之璽・天子信璽をいう。一方、伝国璽は秦の始皇帝が天下を統一したときに作ったもので、丞相李斯《りし》が書いた「受命于天、既寿永昌」の文字が刻まれていた。のち前漢の劉邦《りゅうほう》、新の王莽《おうもう》、後漢の光武帝《こうぶてい》と受け継がれたが、後漢末の混乱で行方不明となった。呉の孫権《そんけん》の父、孫堅《そんけん》が洛陽の井戸のなかから発見したとか、匈奴の劉淵《りゅうえん》が汾水《ふんすい》から「有新保之」と刻まれた玉璽、すなわち王莽が持っていた玉璽を得たとか言われるが、伝国璽は後漢以降、行方不明になったことで、伝国璽と称されるものが河や地中から運よく発見されるようになった。ようするにニセモノが作られたわけだが、伝国璽は皇帝としての正統性を示すアイテムとして重要だったのである。

もちろん皇帝六璽にも正統性は認められるが、伝国璽の方が効果は上だったようである。というのも、このとき道武帝が後燕から得たのは皇帝六璽のほうで、のち三代目の太武帝のとき、鄴《ぎょう》にある五重の塔を壊したところ、仏像のなかから玉璽二つが出てきた。いずれも「受命于天、既寿永昌」の文字があり、片方にはさらに「魏所受漢伝国璽」と刻まれていた。すなわち後漢から三国魏に伝えられた伝国璽であるという。三国魏に伝えられた伝国璽が北魏の太武帝のもとに帰した。すなわち三国魏の正統性を北魏が継いでいる証しとなったわけだ。しかしなぜ伝国璽が二つもでてきたのだろうか。ホンモノとニセモノということか。いやどちらもニセモノの可能性は高い。それでも伝国璽を持っているという事実が重要なのだ。

後燕の首都鄴《ぎょう》に入った拓跋珪は、その宮殿の豪華さに見ほれ、ここに首都を移そうと考えたが、結局、五〇〇〇人の部隊を駐屯させるにとどまった。そして後燕の支配下の漢人・徒何《とか》（慕容部のこと）・高句麗など三六万人、手工業者一〇万人を平城《へいじょう》にうつした。河北からうつした漢人に対しては土地と耕牛が支給された。これは計口受田《けいこうじゅでん》と呼ばれる政策で、のちの均田制につながるとされる。

皇帝即位

三九七年、最大のライバルであった後燕慕容部を平定したことをうけて、翌年、拓跋珪は皇帝に即位した（道武帝）。ところで慕容部とはどんな部族なのか。『晋書』慕容廆載記《ぼようかいさいき》には以下のようなことが書かれている。

その祖先は有熊氏《ゆうゆうし》（黄帝の別名）の末裔で、代々北方の地に住んで東胡と号した。そののち匈奴とともに隆盛となり、二〇万の騎馬軍団を有し、風俗や官号は匈奴とほぼ同じ。秦漢の交代期に匈奴に敗れ、分かれて鮮卑山を保ったことで鮮卑と号した。曽祖父の莫護跋《ばくごばつ》は、三国魏のはじめに部族を率いて遼西にうつり、司馬懿《しばい》の公孫淵《こうそんえん》討伐に参加して率義王《そつぎおう》を賜り、棘城《きょくじょう》（遼寧《りょうねい》省北票市《しょうほくひょうし》）の北に国を建てた。当時、燕代地方では多くの人が歩揺冠《ほようかん》（歩くたびに飾りがゆれる冠）をつけていたが、莫護跋がそれを気に入り、髪を束ねて冠をかぶった。諸部族はそれを歩揺と呼び、のちになまって慕容となった。また一説には二儀（天と地・陰と陽）の徳を慕い、三光

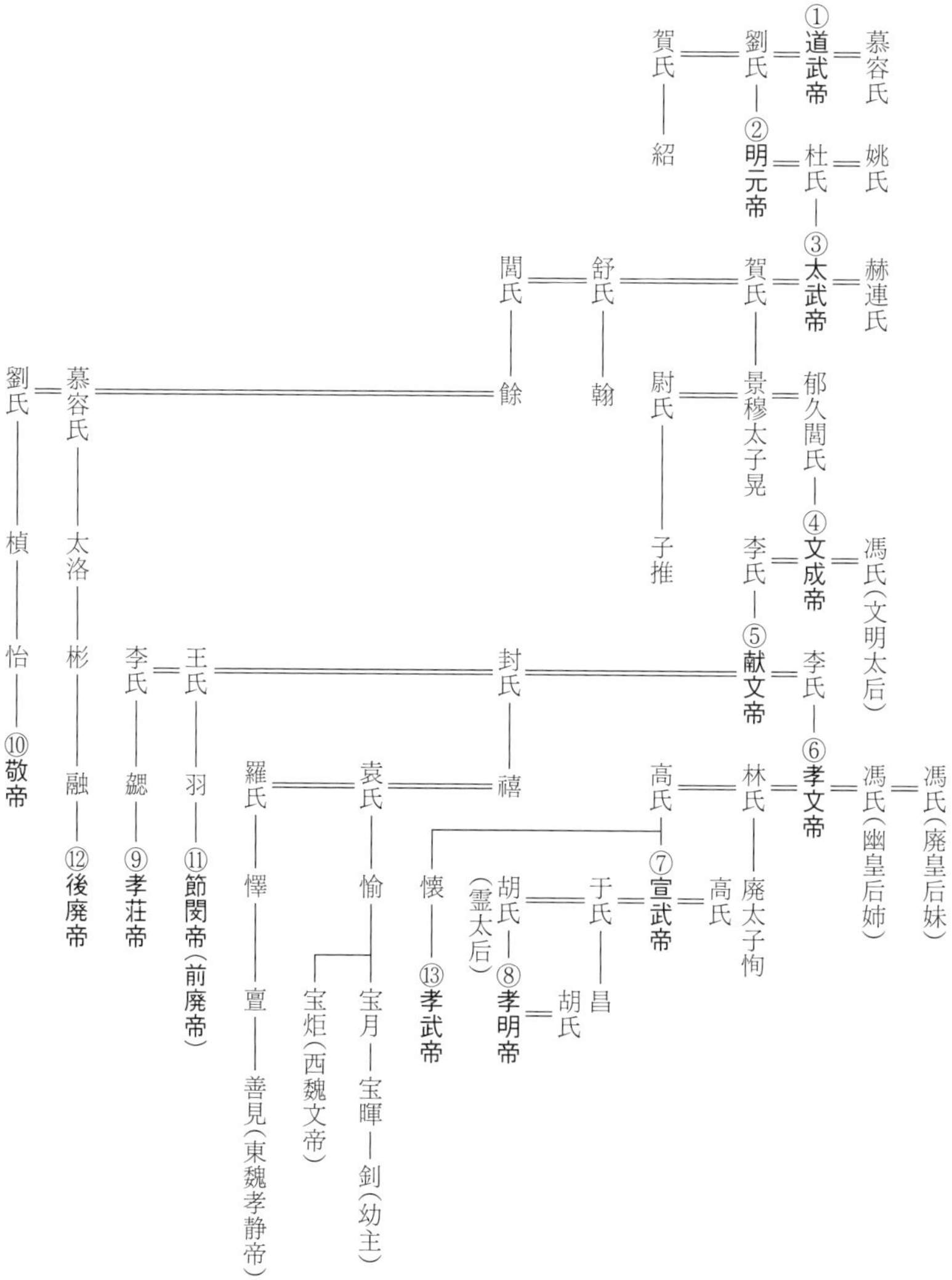
慕容氏
①道武帝
劉氏
賀氏
紹
姚氏
杜氏
②明元帝
赫連氏
③太武帝
賀氏
舒氏
閭氏
郁久閭氏
景穆太子晃
尉氏
翰
餘
慕容氏
劉氏
馮氏(文明太后)
④文成帝
李氏
子推
太洛
楨
李氏
⑤献文帝
封氏
王氏
李氏
彬
怡
馮氏(廃皇后妹)
馮氏(幽皇后姉)
⑥孝文帝
林氏
高氏
禧
袁氏
羅氏
羽
勰
融
⑩敬帝
廃太子恂
高氏
⑦宣武帝
于氏
胡氏(霊太后)
懐
愉
懌
⑪節閔帝(前廃帝)
⑨孝荘帝
⑫後廃帝
昌
胡氏
⑧孝明帝
⑬孝武帝
宝月
宝炬(西魏文帝)
亶
宝暉
釗(幼主)
善見(東魏孝静帝)
北魏世系表

（日・月・星）の容《すがた》を継ぐことという意味から慕容を称したともいう。

この慕容部の起源にまつわる話と、序紀に書かれていた拓跋部の起源にまつわる話、かなり似ていることに気づいただろうか。とくに黄帝の子孫が北方の地に住んで、鮮卑となったというくだりは瓜二つである。拓跋部は慕容部を打倒したことで、黄帝の子孫という地位、鮮卑の有力部族という立場などを独占した。さらに慕容部は鮮卑の後継者であるという立場と中華の皇帝との立場の両方を兼ね備えていた。それを拓跋珪が打倒したことで、鮮卑の正統性と中華の正統性が拓跋珪のもとにうつったわけである。

部族の歴史を創作

拓跋珪は皇帝になるにあたり、三九八年からいろいろな準備に取り掛かる。

六月、国号に関する議論。

七月、平城を首都と定め、宮殿・宗廟《そうびょう》・社稷《しゃしょく》を建設。

八月、畿内《きない》と郊甸《こうでん》を制定。度量衡を定める。

一〇月、天文殿が完成。

一一月、官制・爵位・音楽・法律を制定。

一二月、天文殿にて皇帝に即位。成帝以下二八人に皇帝・皇后を追尊。北魏の五行を土徳と定める。

皇帝（名）	在位期間	即位年	死亡年	死因
道武帝（珪）	386～409年	16歳	39歳	息子清河王紹に殺される
明元帝（嗣）	409～423年	18歳	32歳	病死
太武帝（燾）	423～452年	15歳	45歳	宦官宗愛に殺される
景穆太子（晃）	432～451年	5歳	24歳	太武帝と対立し憂死
南安王（余）	452年	不明	不明	宦官宗愛に殺される
文成帝（濬）	452～465年	13歳	26歳	病死
献文帝（弘）	465～471年 ～476年	12歳	23歳	文明太后に殺される
孝文帝（宏）	471～499年	5歳	33歳	病死
廃太子（恂）	493～497年	11歳	15歳	謀反を計画し死を賜る
宣武帝（恪）	499～515年	17歳	33歳	病死
孝明帝（詡）	515～528年	6歳	19歳	霊太后に殺される
幼主（釗）	528年	3歳	3歳	爾朱栄に殺される
孝荘帝（子攸）	528～530年	22歳	24歳	爾朱兆に殺される
敬帝（曄）	530～531年	不明	不明	死を賜る
節閔帝（恭）	531年	35歳	35歳	高歓に殺される
後廃帝（朗）	531年	20歳	20歳	高歓に殺される
孝武帝（脩）	532～534年	23歳	25歳	宇文泰に殺される
孝静帝（善見）	534～550年	12歳	28歳	高洋に殺される

北魏皇帝表。道武帝から孝明帝までは父子相続が守られる。孝明帝以降は爾朱氏や高氏など実力者によって擁立され、また廃位された。殺害以外で死亡している4人はいずれも26歳、32歳、33歳と若いため病死であると思われる。

三九九年、正月、平城の南郊で上帝と始祖神元帝を祭る。

これらは皇帝に必要な儀礼や制度であり、それらを矢継ぎ早に整備していった。中華王朝としての体面を整えたのである。その際、序紀に描かれた歴史、すなわち黄帝の子孫が大鮮卑山に住んで、そこから二回の南下をへて盛楽に拠点を構えたというストーリーも作られた。同時に、二回の南下を指導した宣帝と献帝がともに推寅と呼ばれたこと、それが檀石槐の西部の部族長推演であるという話もつくられた。このような歴史の創作や皇帝制度に付随する儀礼や制度の導入に寄与したのが、後燕から投降した崔宏《さいこう》ら漢人の知識人たちである。

ではこれにて北魏は中華王朝となったのか。それほど単純ではない。まだ、これまでの部族国家としての側面を残している。

例えば、北魏前期には、七人に担がれた黒氈《こくせん》（黒い絨毯）のうえに皇帝が乗って、西を向いて天を拝する儀礼が「代都の旧制」として行われていたことが『北史』孝武帝紀に載っている。これは、突《とっ》厥《けつ》・ウイグル・契丹《きったん》など遊牧集団で行われる可汗の即位儀礼であるという（羅新『黒氈上的北魏皇帝』海豚出版社、二〇一二年）。すると、皇帝即位と可汗即位の両方が行われていたことになる。

なお「代都の旧制」とされる可汗の即位儀礼について、『魏書』には書かれず、のちの唐の時代に編纂された『北史』（北魏・北斉・北周・隋をまとめた歴史書）に書かれていることは、魏収『魏書』があえて胡俗要素を消したことを意味する。しかし、かくされた胡俗要素は『魏書』以外の史料を見ることで見つけることができる。

西郊祭天

拓跋珪が皇帝に即位した翌年の正月、平城の南郊で上帝を祭った。これは中華の皇帝として重要な祭祀である。皇帝は天子とも称されるが、それは天界にいる上帝から天命をうけて地上を支配するから天子と呼ばれるのである。したがって上帝を祭ることは、自身が中華の正統な支配者であることを示すことになる。そして王朝がつづく限り、毎年正月に首都の南郊で天を祭る。その際、天命を受けた最初の人物をあわせて祭る。北魏の場合、始祖神元帝がそれにあたる。神元帝が拓跋部の祖であると認識されていることがわかる。

南郊祭天の儀礼は、前漢末に王莽《おうもう》がはじめ、最後の王朝の清までつづく。北京の天壇公園《てんだんこうえん》内の南側にある円丘壇は明清の皇帝が上帝を祭った場所で、現在は観光客が円丘の最上段の中央部に立って天を指さしながら写真を撮る映えスポットになっている。ちなみに天壇公園の写真としてよく目にする三重の屋根の建物は祈年殿《きねんでん》という五穀豊穣を願う場所である。

一方、拓跋部では四月に天を祭る儀礼が行われていたが、拓跋珪が皇帝に即位したあともこの儀礼は平城の西郊の郊天壇《こうてんだん》で行われた。『魏書』礼志に書かれている儀礼の様子をみてみよう。

天賜《てんし》二年（四〇五年）夏四月、平城の西の郊外で天を祭った。四角い壇を築き、そのうえに木主《もくしゅ》を七つ置いた。壇の東側に階段を二つ設置し、壇の周囲に垣根をめぐらし、東西南北に門を開いた。門はそれぞれ方角の色によって名付けられた。白色の仔牛、黄色の馬、白色の羊各一頭を

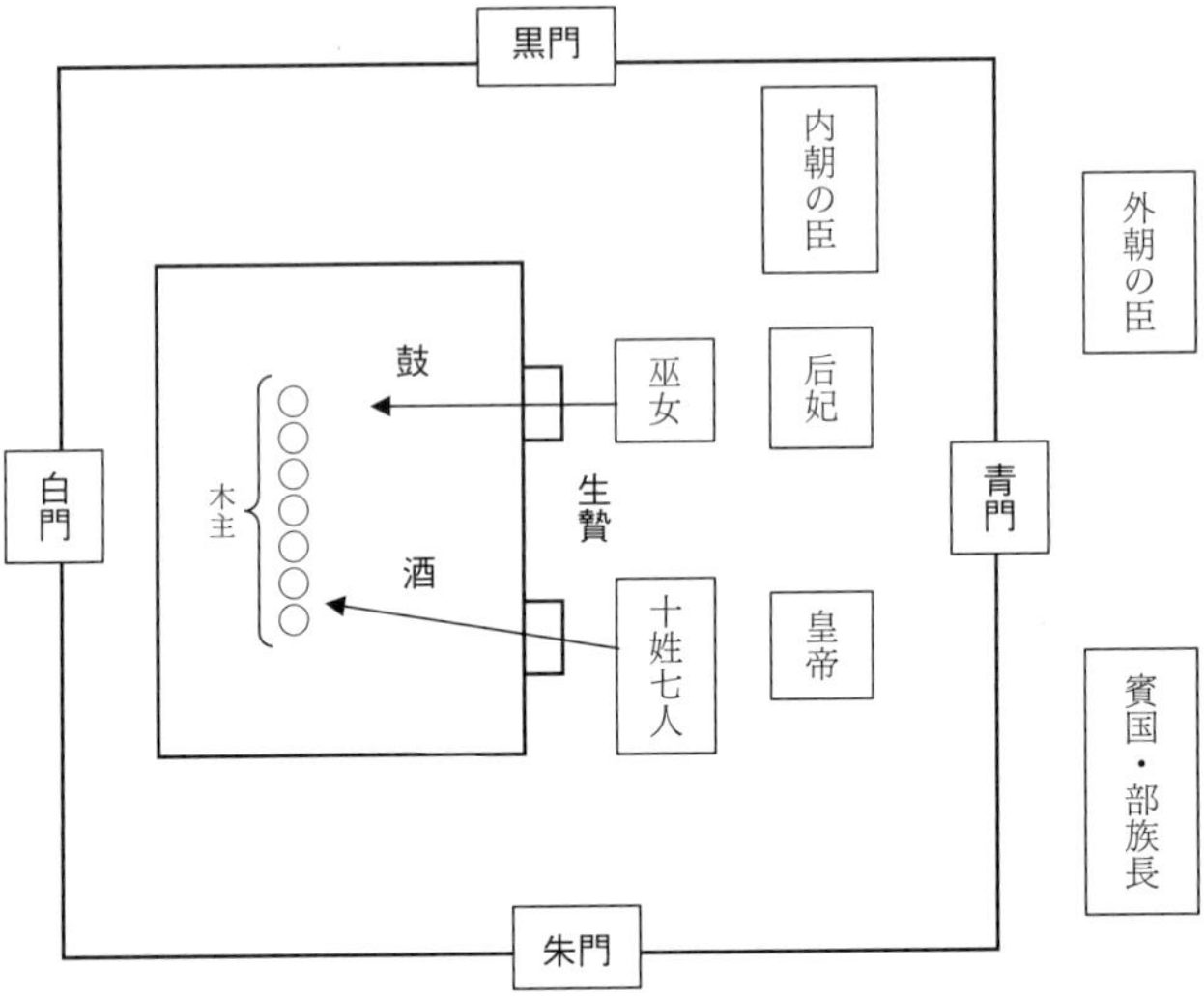

西郊祭天の図

供える。

　祭りの日は皇帝が車に乗り、百官と賓国・部族長を引き連れて祭場に入る。皇帝は青門（東門）内南寄りに立ち、内朝の大臣が皇帝の北側に立つ。外朝の大臣と賓国・部族長は青門の外側に立つ。皇后が後宮の妃を連れて黒門（北門）から入り、青門内の北寄りに立つ。廩犠《りんぎ》令《れい》が生贄を壇の前に並べる。巫女《みこ》が太鼓をもって階段の東に立ち、帝室十姓から選ばれた七人が酒をもって巫女の南に立つ。巫女が壇に昇り、太鼓をうつ。皇帝が拝礼し、ついで皇后が拝礼する、百官ほかみなが拝礼する。これを二回行い、生贄を殺す。酒をもった七人が西を向き、酒を木主にかける。これを七回行う。

　この西郊祭天《せいこうさいてん》の儀礼で重要な役目をはたすの

が、壇上におかれた七つの木主である。『南斉書』魏虜伝によれば、この木主は高さ一丈（約二・五メートル）で白い頭巾、絹のはかま、馬の尾のコートを着ていて、四九の木主が立ち並んでいたという。七人の木主は拓跋氏から分かれた七族をあらわし、それが七セットで合計四九体なのだろう。帝室十姓から選ばれた七人が主役となっているところに、この儀礼が拓跋部のものであることが表れている。そこに参加することで、他の参加者は拓跋部との一体感を演出する内容になっている。

北魏では中華の南郊祭天と遊牧の西郊祭天のいずれが重視されたのか。西郊祭天は皇帝・皇后・官僚・諸外国の来賓が参加する一大セレモニーであるのに対して、南郊祭天は担当の官僚に命じて行われる。このことから北魏が遊牧の祭祀である西郊祭天を重視していたことがわかる。

季節移動する皇帝

拓跋珪は平城を首都とし宮殿などを建設していったが、だからといって平城に定住したわけではない。『南斉書』魏虜伝には、拓跋珪が平城に遷都したとき、まだ水草を追い、城郭はなく、明元帝になって定住したと書かれている。

また『宋書』索虜伝には、拓跋部の習俗として、四月に天を祭り、六月末に大衆を率いて陰山にいく。これを却霜《きゃくそう》という。陰山は平城を去ること六〇〇里（約三〇〇キロ）、深い森が広がり、雪ものこる。平城からの暖気を持ち込み、寒気を却けることから名づけられたのだろうと書かれている。

このように北魏の皇帝は、后妃をつれて五月から六月にかけて、雲中・陰山・オルドス方面に移動し、そこで狩猟をしたり、当地の部族長をねぎらったり、これらの地域に住む高車から牛や馬の貢納を受けた。こうして集めた家畜をつれて、八月に平城にもどる。獲得した家畜は平城の北側に設けられた放牧地の鹿苑《ろくえん》におさめ、九月から一〇月、白登山で祭祀をおこなった際に、臣下たちに分配される。また一部は農耕民に耕作用として与えられた（佐川英治『中国古代都城の設計と思想』勉誠出版、二〇一六年）。

北魏皇帝の季節移動は、孝文帝の頃になると行われなくなる。北魏は太武帝期までの征服戦争によって、多数の家畜と奴隷を獲得した。その獲得した家畜と奴隷は、北魏の支配者たちに分配された。支配者たちはそれら家畜と奴隷を元手に、農業・牧畜・手工業をかねた経営をはじめた。『南斉書』魏虜伝には、皇太子が婢一〇〇〇人に絹織物を織らせて販売し、酒をつくり、豚・羊を養い、牛・馬を牧畜し、野菜を植えて、利益をあげたと書かれている。

このように北魏支配層が奴隷と家畜をつかって生産活動を行い、それが軌道に乗り出した。そのため孝文帝の頃には、陰山に出かけていって高車から家畜を受け取ったり、狩猟で家畜を得る必要がなくなったと考えられる（佐藤智水「北魏皇帝の行幸について」『岡山大学文学部紀要』五、一九八四年）。

金人鋳造

拓跋珪が皇帝に即位したことで、皇帝のパートナーとして皇后がおかれることになるが、皇后選びには北魏独自のルールが存在した。『魏書』皇后伝には、北魏の故事として、皇后を立てる際には必ずみずから金人を鋳造し、完成した者を吉とし、完成しなければ皇后にはなれなかったとある。「金人を鋳す」というから、金人とは鋳造された金属製（青銅または黄金）の人形だと思われる。『史記』匈奴列伝には、前漢の霍去病《かくきょへい》が匈奴の休屠王《きゅうしょおう》を破り、祭天金人を得たとある。その箇所の注釈をみると、匈奴では天を祭るときの祭主として金人を使用したと書かれている。さらにこの金人は仏像であるとする注釈もある。しかし匈奴が天を祭るときに仏像を使っていたとは考えにくい。さらに北魏後期、実権をにぎった爾朱栄《じしゅえい》が皇帝候補を選ぶにあたり、孝文帝の子供たちの像を鋳造して完成したものを皇帝に擁立している。このことから考えると、皇后に鋳造させた金人は仏像ではなく、皇后自身の姿を模した人形だったと思われる。ただこの金人の実物は見つかっていない。

このルールで皇后になった例として、道武帝の妃の慕容氏がいる。彼女は後燕の慕容宝の末娘で、後燕が平定されたのちに北魏の後宮に入り、寵愛を受けた。大臣たちが皇后を立てるように上奏すると、道武帝は大臣の意見に従い、慕容氏に金人を鋳造させたところ完成したので、皇后に立てた。

一方、皇后になれなかった例として、道武帝の妃の劉氏がいる。彼女は独孤部の劉眷の娘で、北魏建国前に後宮に入って夫人（妃の称号）となり、華陰公主（娘）と太宗（明元帝）を生んだ。劉氏は後宮のことを取り仕切り、寵愛もされたが、金人を鋳造できなかったために皇后にはなれなかった。

金人鋳造によって皇后を選ぶ方法について、中国のテレビドラマ『北魏馮太后《ほくぎふうたいごう》』のなかに、三人の候補者たちを工房に集めて同時に鋳造させるシーンがあるが、それは間違いである。道武帝の皇后の場合、まず劉氏に鋳造させたが完成しなかった。そこで次に慕容氏に鋳造させたところ完成したので慕容氏を皇后としたというのが真相である。同時に作らせた場合、都合よく一人だけできるとは限らない。この儀礼のポイントは、候補者が金人を作れれば吉。すなわち神によって選ばれた者であるとされた。

では候補者が鋳造できなかったらどうなるか。皇后は立てられないのである。道武帝の息子、明元帝の妃である姚氏は金人を鋳造できず皇后になれなかった。明元帝はどうにかして彼女を皇后にしようとしたが、姚氏が辞退したために実現しなかった。そこでついに皇后を置かなかった。

皇帝制度において皇后は不可欠なのだが、北魏では皇后になる女性は神によって選ばれる必要があった。それまで可汗の妻たちはみな可敦《かとん》とよばれ、制度的に上下関係がなかった。ところが北魏になって皇帝制度を導入したことで、妻たちは中華の後宮制度のなかにおかれることになった。中華の後宮制度は皇后をトップとした階級制度になっている。そこで妻たちのなかから誰かひとりを皇后として選ぶこととなり、神に選ばれたとすることで、妻たちとその一族を納得させたのである。

子貴母死という残酷なルール

皇太子選びにも北魏独自のルールがある。それが子貴母死《しきぼし》と呼ばれるものである。内容は、後宮の女性が子を産み、その子が後継者に選ばれると、生母は死を賜うというもの。厳密にいうと後継者に選ばれてもすぐに皇太子になれるわけではない。後継者に選ばれたのちに皇太子に立てられるという二段構えになっている。

なんとも残酷な話であるが、どうしてこのようなルールができたのか。その理由を、『魏書』太宗紀において、道武帝が息子の明元帝に次のように説明している。

むかし前漢の武帝が子を立てるときに母親を殺し、母親がのちに国政に参与し、外戚が政治を乱さないようにした。お前はまさに跡継ぎになるのだから、わしも前漢の武帝と同じことをして、長くつづく計《はかりごと》とする。

しかしこの説明をうけても納得できなかった明元帝は、悲しみのあまり日夜号泣した。それをみた道武帝は、翻意するどころか、逆に激怒して明元帝を呼びつけた。明元帝が行こうとすると、左右の者が、いま行けば不測の事態が起こるかもしれない。ここはしばらく平城を離れるべきですといい、その言葉に従った。

すると道武帝は、明元帝が後継者になることを拒否したと思ったのか、弟の清河王紹を後継者にするため、今度は紹の生母の賀氏を幽閉した。殺されると知った賀氏は、紹に助けをもとめ、紹は宮中に乗り込んで道武帝を暗殺するという事態に発展した。また同時に、賀氏の出身部族の賀蘭部でも、かつての部族を集めて平城に乗り込もうと、烽火《のろし》をあげて集合した。

このクーデターに戸惑う官僚たちは、だれについてよいかわからずにいたが、一部の官僚が平城を離れていた明元帝を呼び戻し、その官僚たちと明元帝が清河王紹を倒して、皇帝に即位した。道武帝の思いとは違って、波乱の皇位継承となってしまった。

ところが、あれほどこのやり方に反対した明元帝が、自分の後継者選びの際には、躊躇なく採用しているのである。なぜ明元帝は子貴母死を採用したのか。

道武帝がはじめた後継者決定のルールは、前漢の武帝にならって、母親とその一族の外戚が政治に関与できないようにしたと言っているが、代国時代、母親が政治に口出しすること、後継者の選抜に関与することがしばしばおきた。平文帝を暗殺した祁氏《きし》、昭成帝の即位に関与した母親の王氏などがそれである。そこでその反省を生かして、後継者に選ばれた時点で母親を排除することになったのである。代国時代にそのようなことをすれば、母親の部族からの離反・報復がある。しかし道武帝はすでに独孤部と賀蘭部を平定していたため、後継者の母親である劉氏と賀氏を殺しても報復される恐れはない。賀蘭部は報復に及ぶ動きを見せたが、実際には平城まで攻めてくるようなことはなかったのは、その前に賀氏と清河王紹が殺されてしまったからであろう。

さらにもう一つ狙いがあった。それは後継者をあらかじめ選ぶということである。代国時代の後継者は、能力・年齢・母親の出身などをもとに、部族長たちが選んでいた。拓跋氏のなかから選ばれるとは言え、継承の仕方に定まった順番はなかった。そのため必ずしも直系子孫に引き継がれていなかった。そこで道武帝は、自分の子供、さらに孫と直系子孫に確実に継承されるよう、あらかじめ後継者を決めることにした。その際に母親を殺すという代償を払うことで、後継者選びを神聖化したのである。

と同時に、これまでの部族長たちによる推戴という形式を排除し、皇帝が後継者を指名することで、道武帝の子孫による父子継承を確立し、拓跋部内での道武帝の直系子孫の絶対性を確立しようとした。この点を考慮して、明元帝は子貴母死を実行した。そして子貴母死は北魏の故事として続けられていくことになった。

殺された生母の扱いはどうなるか。子供が皇帝に即位すると、皇后の称号をもらって宗廟に祭られる。また生母の一族に対しては、爵位があたえられて優遇される。ただし政治的な権限は与えられなかった。

このように、道武帝が皇帝制度を導入したことで、皇后と皇太子を置くことになったが、皇后・皇太子の選び方には北魏独自のルールが存在した。その独自のルールを生み出した背景には、それまでの遊牧社会のルールが影を落としていた。制度という枠組みこそ中華王朝の制度を取り入れたものの、運用面では遊牧社会のルールの影響を少なからず受けていたのだ。

2　部族解散か再編か――中華か遊牧か

北魏史の重要ポイント

北魏史研究において道武帝による「部族解散」を読み解くことは、かなり重要な意味をもつ。なぜなら、北魏を中華王朝とみるか、遊牧王朝とみるかに関わるからである。これまでみてきたように、拓跋国家（代国）は、拓跋部をはじめとする部族連合体で構成されている。これら部族連合体が解散させられ、皇帝のもとに支配されたとなれば、それは中華王朝への転身を意味する。

一方、部族が再編されたとなれば、拓跋国家の部族連合体の基本構造は変わらなかったことになり、北魏は遊牧王朝と理解される。

初期の北魏史研究では、部族解散は文字どおり、部族の解散、解体と理解されてきた。対して、一九六五年以降、部族の再編とする説が徐々に増えていき、現在では部族の再編説の方が優勢である。

ではなぜ解釈が変わったのか。それは部族解散に関する史料の解釈が変わったからである。部族解散に関する直接的な史料は以下の三つ。

①『魏書』巻八三上、賀訥《がとつ》伝

賀訥は代人《だいじん》で、太祖に従って後燕を平定した。その後、諸部族を解散し、土地を分けて定住させて移動を禁止した。その君長・大人はみな編戸《へんこ》と同じくされた。賀訥は皇帝の舅《しゅうと》であることから大変尊重されたが、部族を統率することはなかった。

②『魏書』巻一〇三、高車伝

太祖のとき諸部族を解散させたが、高車だけは粗暴な種族なので使役することができないため、特別に部族を維持させた。

③『魏書』巻一一三、官氏志

これらの四方の諸部族は毎年朝貢していた。登国のはじめ、太祖は諸部族を解散し、はじめてすべて編戸となった。

当初の研究では、これら三つの史料は「部族解散」という同じ政策について書いたものであるから、トータルで理解する必要があるとされた。その結果、太祖（道武帝）の登国の初めに諸部族を解

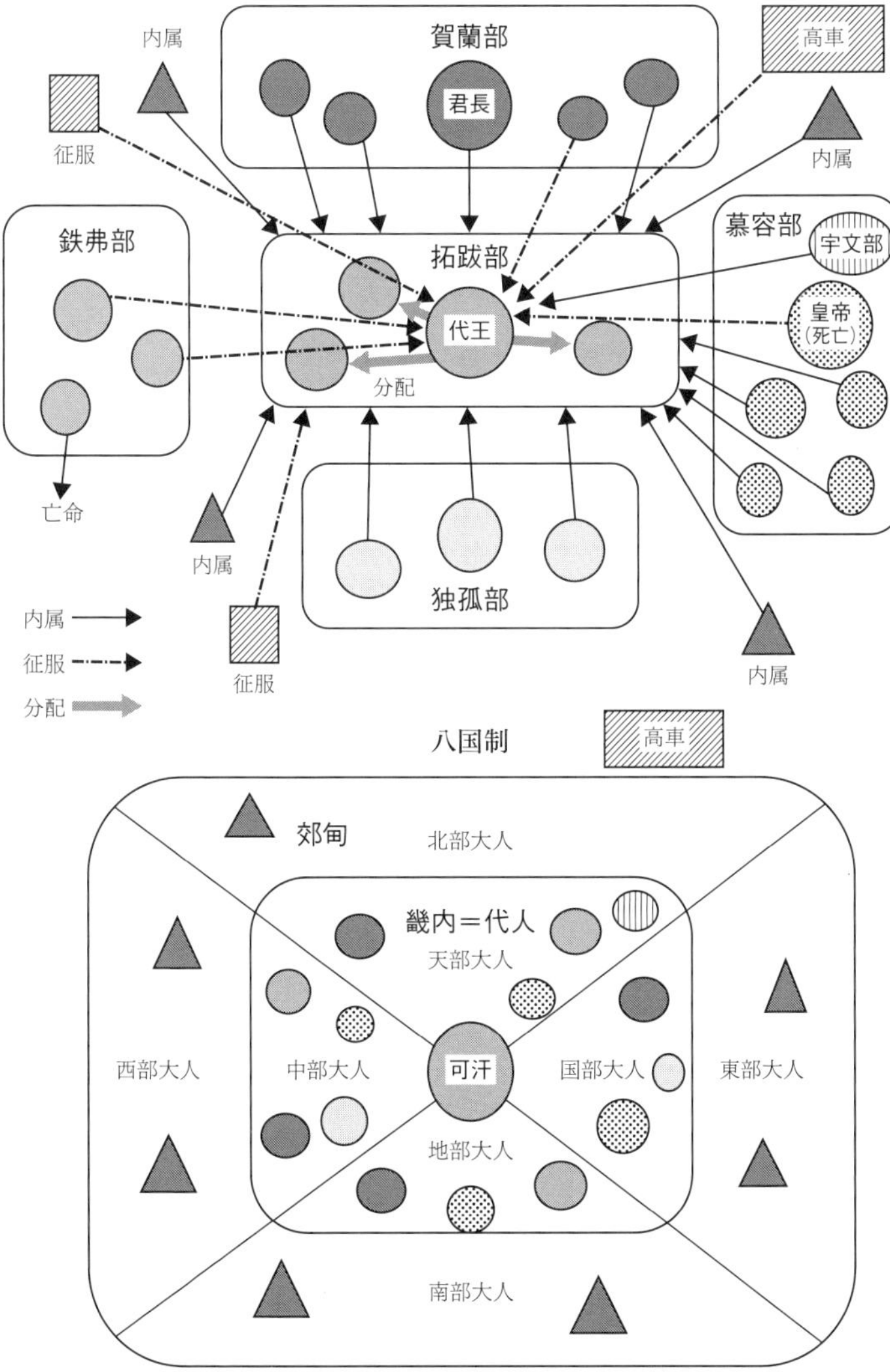

部族の解散と再編のイメージ

散し、すべて編戸となった。ただし高車だけは解散されなかったと理解された。

この「編戸と同じ」をどう理解するのかがカギである。「編戸」とは、「戸籍に編《あ》む」、つまり戸籍に登録することを指す。中国の皇帝制度では、国民はすべて戸籍に登録される。

一方、遊牧社会では、部族長が部族民をたばねていて、部族連合体を統率するリーダー（君長）といえども各部族の部族民を直接支配することはできない。もし道武帝がすべての部族に対して、部族長から部族民を取り上げ、自分のもとにすべての部族民を付け替えたとしたら、中国の皇帝制度と同じことになる。

しかし登国の初め、代王に即位した直後に諸部族を解体することができたのか。このような疑問から、三つの史料をトータルで解釈するのではなく、それぞれが別々の時期、別々の対象について実施したものとして理解すべきという考えが出された。

すなわち①は後燕平定後（三九七年以降）の賀訥が率いる賀蘭部とそれに従う部族に関するもの。②は道武帝期の高車に関するもの。③は登国の初めの四方諸部に関するもの。さらに重要なことは、①賀蘭部も四方諸部の一つであるから、①と③は四方諸部を指すことになる。

四方諸部とは、拓跋国家の時代に周辺にいて、拓跋部と同盟関係にあった部族のこと。例えば、東方では宇文部と慕容部、北方では賀蘭部などがそれにあたる。つまり道武帝が代王に即位した登国元年以降、それまで同盟関係にあった諸部族を解散させたことを意味する。

具体的には、賀蘭部・独孤部・鉄弗部・慕容部など、複数の部族を従え部族連合体を形成した部族が対象である。道武帝はこれら部族に対し、戦争を仕掛けることでその部族連合体を解体していった。

賀蘭部を例に説明しよう。賀蘭部は数十の部族からなる部族連合体を構成していた。その賀蘭部連合体を構成する各部族を個別に征服していくことで、部族ごとにバラした。その際、部族長が降服してくれば、その部族を温存した。一方、部族長が抵抗のすえ殺された場合は、新たな部族長を任命して部族を存続させるか、または部族民を捕虜として、拓跋部に分け与えた。部族連合体から切り離された部族は、自立性を失って道武帝の直接支配を受けることになった。

それまで拓跋部の支配を受けなかった賀蘭部連合体の君長賀訥や賀蘭部の部族長（大人）たちが道武帝の支配下に編入されたことを、まるで「編戸と同じ」と表現したのである。よって「編戸と同じ」とは比喩であって、文字通り戸籍につけたのではない。

なお②の高車は、道武帝のときに征討をうけて、その支配下に入ったが、高車はまとまって陰山一帯に居住させた。これは①と③の四方諸部が、もとの部族連合体を分断されて部族単位で政府指定の土地にバラバラに居住させられたのと異なる。それを②では高車だけ特別に部族を維持させたと表現した（佐川英治「北魏道武帝の「部族解散」と高車部族に対する羈縻支配」宮宅潔編『多民族社会の軍事統治』京都大学学術出版会、二〇一八年）。

八国への再編

もとの部族連合体から切り離された部族は、指定された土地（放牧地）を与えられ、そこで遊牧生活をおくった。部族長は部族の規模に応じて領民酋長《りょうみんしゅうちょう》・領民庶長《りょうみんしょちょう》という肩書をもらった。そして各地に住む部族をブロックごと管理するために、部大人をおいた。ブロックは東部・西部・南部・北部・天部・地部・国部・中部の八つあったので、八国《はちこく》（八部）と呼ばれ、八国（八部）の各部大人は可汗である道武帝の支配をうけた。

なお近年発見された「元萇墓誌《げんちょうぼし》」に俟懃曹《しきんそう》というものが出てくる。俟懃とは俟斤《しきん》とおなじ部族長をあらわす古代トルコ語のイルキンのことである。曹《そう》とは役所を意味する漢語であるから、俟懃曹とは部族長の役所、すなわち部大人のことであると推定される。また『南斉書』魏虜伝に、「また俟懃地《しきんち》何《か》あり、尚書に比す。莫堤《ばくてい》は刺史に比す。郁若《いくじゃく》は二〇〇〇石に比す」とあることから、俟懃地何と俟懃曹は同じものを指していて、それを『魏書』では部大人と漢訳した。また莫堤と郁若は部大人の下にあって地方統治に関わる用語と推測されることから、莫堤は領民酋長、郁若は領民庶長を指すと思われる。それらが太和一二年（四八八年）に廃止されたというから、孝文帝のころまで部大人制は存続したことになる。

解散後の部族の生活について、例えば、爾朱羽健《じしゅうけん》は道武帝から領民酋長に任命され、秀容川《しゅうようせん》に方《ほう》三〇〇里（周囲約一三五キロ）の土地をもらった。八〇〇〇人の騎兵と数万匹の馬を保有し、牛・馬・ラクダが色別に群れをなし、谷の数で量るほどだったという。またオルドスの鉄弗部に服属していた厙狄越豆眷《しゃてきえつとうけん》（厙狄が姓）は、部族一万人余りを率いて黄河を北にわたって五原に出て、道武帝に従った。そのことで領民酋長に任命され、善無《ぜんぶ》の西に方一〇〇里（周囲約五〇キロ）の土地をもらった。その後、部族を率いて朔方（懐朔鎮《かいさくちん》）に移住した。このように、部族を維持したまま遊牧生活を送っていたことがわかる。

3　「大代」と「大魏」――二つの国号

代人集団をつくれ

部族解散をうけた部族は八国に居住した。八国は平城を中心とする畿内《きない》とその外側に広がる郊甸《こうでん》とを合わせた範囲である。畿内の範囲は代郡《だいぐん》・陰館《いんかん》・善無《ぜんぶ》・参合陂《さんごうは》の大同盆地、一方、郊甸は上谷《じょうこく》・中山《ちゅうざん》・黄河《こうが》・五原《ごげん》の範囲で、畿内には拓跋部の古参の部族と自ら服属してきた部族、郊甸には道武帝の征服をうけた部族が住み、それら部族を八国で統治した。

なお畿内と郊甸はもともと儒教にもとづくもので、天子の住む都の周囲一〇〇〇里四方を王畿《おうき》とし、王畿の外五〇〇里ごとに侯服《こうふく》・甸服《でんふく》・綏服《すいふく》・要服《ようふく》・荒服《こうふく》とした（『書経《しょきょう》』益稷《えきしょく》）。よって畿内や郊甸は正方形をしている。しかしあくまでこれは理念上のもので、実際には地形にあわせて、大同盆地を畿内、その外側の陰山・黄河・太行山・呂梁山までを郊甸とした。

畿内に住む者は『魏書』では「代人《だいじん》」と呼ばれている。例えば、次のような人たちである。

①和跋《わばつ》は代人である。代々部落を統領し、北魏に従って臣下となった。和跋は才能があると評判で、道武帝は外朝大人《がいちょうたいじん》（外務大臣）に抜擢し、軍国の議論に参加し、優雅で策略に長けていた（巻二八）。

②楼伏連《ろうふくれん》は代人である。代々酋帥《しゅうすい》（部族長）であった。楼伏連は忠に厚く器量があり、年一三で父の位を継いで部落を領した。道武帝の初め、従軍して賀蘭部を破った（巻三〇）。

③陸俟《りくし》は代人である。曽祖父の陸幹と祖父の陸引は代々部落を領した。父の陸突は道武帝のとき、部民を率いて征伐に従軍し、数々の戦功をあげ厲威将軍《れいいしょうぐん》・離石鎮将《りせきちんしょう》となった（巻四〇）。

④万安国《ばんあんこく》は代人である。祖父の万真は代々酋帥（部族長）で、いつも部民を率いて太武帝の征伐に従軍し、功績をあげて平西将軍・敦煌公となった（巻三四）。

⑤薛野賭《せつやちょ》は代人である。父の薛達頭《せつたつとう》は後秦から部落を率いて北魏に服属した。道武帝はその忠義をほめて聊城侯《りゅうじょうこう》、散員大夫《さんいんだいふ》を賜い、上客の礼で待遇し、妻として鄭氏《ていし》を与えた（巻四四）。

これら代人に共通するのは、もともと部族長かその子孫で、北魏に服属したのちも部族長のまま、北魏の官僚や将軍となっている点である。『魏書』で代人とされている人をみると、代王に仕えた衛《えい》操《そう》・燕鳳《えんほう》・許謙《きょけん》の三人は漢人であるが、その他はすべて胡族（遊牧民）である。

さらに『魏書』では代人と明記されてはいないが、実際には代人に相当する人もいる。『魏書』巻三〇に収録されている一七人、うち一二人は代人と明記されるが、その他の五人も実質的に代人、すなわち皇帝の側近で支配者層に属する人々と考えられる。そのうち、安同は「遼東の胡人」、車伊洛は「焉耆《えんき》（現在の新疆ウイグル自治区カラシャール）の胡人」となっている。この「胡」がソグド人を指すかどうか定かではないが、その可能性は高いと思われる。というのも、ソグド人は後漢末頃には西域そして中国社会に進出していることを示唆する史料がある。さらにスタインが敦煌で発見した「古代書簡」は、四世紀はじめ金城（現在の蘭州）あたりに住んでいたソグド人のナナイヴァンダクがサマルカンドにいるヴァルザックに宛てたソグド語の手紙であるが、その手紙には、敦煌、酒泉、姑《こ》臧《ぞう》といった西域のオアシス都市のほか、洛陽など中国内地にもソグド人が住んでいたことが記されている。五胡十六国から北魏にかけてもソグド人が活動していたとしても不思議ではない。

ここまでの道武帝の一連の政策をまとめると、拓跋部に敵対する大規模部族の賀蘭部・鉄弗部・独孤部・慕容部を戦争によって解体し、小規模な部族に分割したうえで指定区に配置する。それら部族を八国制で統治した。これによって新たに道武帝のもとに部族を再編したことになる。そのうえで畿内（雲代《うんだい》地区）に居住する者を代人集団としてまとめあげた。

五胡諸国と北魏の違い

代人は道武帝の側近官（内朝《ないちょう》）となり、北魏の支配集団を形成した。このことが、五胡十六国の諸国と北魏との大きな違いである。五胡諸国では、服属した諸部族のリーダーを首都の周辺にあつめ、ともに支配者集団の一員であるという共同体意識を持たせることはしなかった。例えば、匈奴の劉淵の漢では、支配者である劉氏一族は首都平陽近郊に封建されたが、服属した羯の石虎は遠く河北におかれた。一方、前秦では、支配者である苻氏一族を遠方に封建し、服属した鮮卑の慕容垂を首都長安においた。

このように五胡諸国では、支配部族と服属部族とをともに首都近郊に集めて、支配者集団を形成することはなかった。対して北魏では、支配部族の拓跋部と、拓跋部に服属した部族を首都平城の周囲の畿内（雲代地区）にあつめ、彼らを支配集団の代人集団に作り変えた。そして征服活動をつうじて獲得した人や家畜を代人集団内で分配することで、利益共同体としての結束を高めていったのである。北魏が長期的に華北を支配できた要因はここにある。

二つの国号

拓跋珪は三八六年四月に代王から魏王に改称した。その後、三九八年六月、皇帝に即位するに先立ち、再度国号に関して大臣たちに議論するよう命じている。議論の争点は、国号を代とするか魏とするかにあった。

大臣たちの多くは、西晋から封建された代公に由来する代を採用すべしと主張した。これに対してひとり崔宏《さいこう》が反論した。崔宏は拓跋珪が登国初めに代王から魏王へと変更したのは天命をうけたからで、魏を国号とすることで、拓跋国家は中華王朝であると示すことができると主張した。拓跋珪は崔宏の意見を採用し、魏を国号と定めた。

ところが北魏時代の碑文や墓誌のなかには代の国号を使用する例が散見される。魏と定めたはずなのに、なぜ代の国号が使用されつづけたのか。

この問題について、私はまずどのくらい「大代」の用例があるのか調査することからはじめ、碑文七例・墓誌一二例・造像記《ぞうぞうき》三六例・写経題記《しゃきょうだいき》一一例の合計六六例を集めることができた。そして集めた用例を、時期・地域・使用者の身分などから分析した。その結果、「大代」の国号は、北魏の第二代明元帝から西魏の文帝まで使用されていたこと。北魏の国内でまんべんなくみられること。皇帝から官僚、僧侶、庶民にいたるまで幅広く使用されていることがわかった。

その後、梶山智史「北魏国号考―石刻文献を中心に」（『中国中古史的史実与想像国際学術研討会論文集』二〇一七年）が、北魏の石刻七五五点のなかから国号「代」の用例（魏との併用も含む）九五例をあつめ、国号魏と代の使用状況について明らかにした。それによると、

国号使用状況（前期と後期の合計）
「代」の事例・・・八〇例（約一一％）
「魏」の事例・・・六六〇例（約八七％）
「代・魏」併用・・一五例（約二％）

北魏前期（洛陽遷都前）北魏石刻全体の約六％
「代」の事例・・・三二例
「魏」の事例・・・一六例

北魏後期（洛陽遷都後）北魏石刻全体の約九四％
「代」の事例・・・四八例
「魏」の事例・・・・六四四例
「代・魏」併用・・一五例

北魏の石刻全体からすれば「代」使用例はわずかに一割強に過ぎない。しかし、北魏前期では魏より代の方が多い。しかもそのほとんどが平城の周辺でみつかったものである。これは何を意味するのか。私は代人というアイデンティティの発露であると考えている。

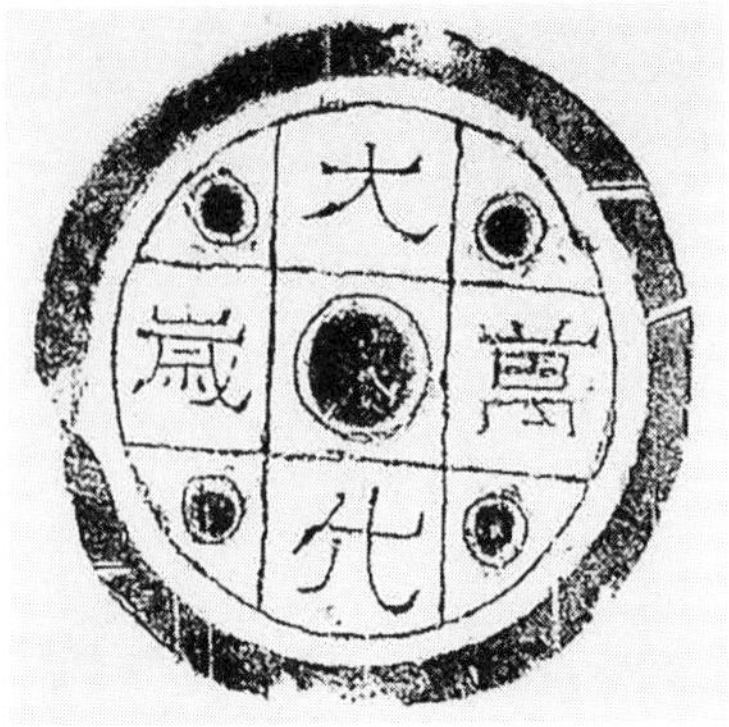

大代萬歳瓦。山西省大同市出土

平城周辺に住んだ人々にとって自分たちの所属する国家は魏ではなく、代であった。そのことが代の国号使用にあらわれている。それを裏付けるものとして、次の二点をあげておこう。一つは平城（大同市内）で発見された「大代萬歳《だいだいばんざい》」の文字瓦である。これは平城の宮殿に使用されたもので、大代の国が万年とつづきますようにという願いが込められている。そしてもう一つは、平城のことを代都と呼ぶことである。代国の都と呼んでいることに、ここが代国であるという意識があらわれている。

国号の魏

三九八年の国号の議論で定めた国号の魏とはなんだったのか。魏という国号は誰にむけたものであったのかを考えるとおのずと答えがみえてくる。『魏書』崔玄伯《さいげんはく》伝には、東晋の使者に対して国号をなんと言って報告すべきか大臣たちに議論させたとある。その結果として魏を採用した。つまり中華王朝の東晋に対して、自分たちこそが中華王朝であることを示す必要があったのだ。

代は西晋の皇帝から封建されたもので、晋皇帝の臣下、すなわち東晋の臣下であることを意味するから使えない。しかし魏を名乗れば、晋よりも先に天命をうけたことを示すことができる。三国魏から晋ができたが、三国魏がうけた天命は、三国魏が滅んだところでとだえた。そのため西晋に天命はいかず、東晋の正統性は失われる。一方、神元帝に降った天命は北魏の天命となり中華の正統として存続した。

よって、国号の議論での結論は、東晋に対しては魏を国号として使用するというもの。一方、国内向けには依然として代が国号として使用された。興味深いのは、西魏になって作成された写経題記には「大代大魏」と出てくることである。代と魏を並べて称するのは、代でもあり魏でもあるという意味が含まれる。西魏は東魏に対して、自分たちこそ代国・北魏の正統な後継者であると主張しているのである。

第四章

中華の半分を手に

胡漢二重体制

雲崗石窟。山西省大同市

この章では、第三代太武帝のときに華北統一をはたし、中華世界の半分を手に入れた北魏が、どのような国家を築いていったのかを見ていく。中華王朝への転身をめざすなかで起きた悲劇として語られる崔浩《さいこう》の国史事件。この事件で拓跋部の人々が怒ったのは、自分たちの胡俗を暴露されたからだったのか。また太武帝による仏教弾圧はなぜ起きたのか。その後、仏教はどうやって復興するのか。

1　太武帝の華北統一

太武帝の即位

太武帝（拓跋燾《たくばつとう》、字は仏狸《ふつり》）は四〇八年（天賜《てんし》五年）、平城の東宮で生まれた。祖父の道武帝は「わしの事業を完成させるのはきっとこの子にちがいない」と喜んだという。四二〇年（泰常《たいじょう》五年）、生母の杜氏《とし》が死去した。『魏書』皇后伝には「泰常五年、薨《みまか》る」とだけ書かれているが、同じ年、明元帝の妃の姚氏《ようし》も死んでいる。明元帝の二人の妃が同年に死んだのは偶然ではない。明元帝は、後秦《こうしん》から嫁いでいた姚氏を寵愛し、彼女が後継者を生むことを期待したがかなわずに死去した。そこで拓跋燾を後継者に定め、それをうけて生母の杜氏が子貴母死により死を賜ったのである。

なお『宋書』索虜伝には、「拓跋燾は十五、六歳まで明元帝に認められていなかったため、奴隷のように扱われた。明元帝は、はじめ慕容氏の娘を皇后に立て、ついで姚興《ようこう》の娘をめとったが、二人とも子がなかった。そのため拓跋燾が皇太子となれた」とある。

『魏書』明元六王伝をみると、明元帝の妃には、楽平王丕《らくへいおうひ》を生んだ大慕容夫人と楽安王範《らくあんおうはん》を生んだ慕容夫人の二人がいる。索虜伝にいう慕容氏の娘がこの二人のうちどちらかだとすると子がいないというのと矛盾する。さらに明元帝は慕容氏を皇后にしてはいない。するともうひとり皇后となった慕容氏がいたのではないか。その候補者は道武帝の皇后の慕容氏である。道武帝の死後に慕容皇后を迎えたとすると、いわゆるレビレートが行われたことになるが、その確証はない。索虜伝で注目すべきことは、姚興の娘に子供がいなかったために拓跋燾が皇太子となれたと書いている点である。これが事実なら明元帝は当初、長男の拓跋燾を後継者と考えていなかったことになる。

生母の杜氏が殺されたあと、拓跋燾の保母として竇氏《とうし》なる女性が明元帝によって選ばれた。竇氏は夫の家が罪を犯したことに連座して、二人の娘とともに後宮に入れられ奴隷となった女性である。立ち居振る舞いが礼儀にかなっているとして保母に選ばれ、慈しみをもって拓跋燾を教え導いた。

四二二年、拓跋燾は監国《かんこく》（皇帝の代理で政治をとる）となり、明元帝が病に倒れるとかわって政治にあたった。四二三年一〇月、明元帝が三二歳で病死すると、拓跋燾は一五歳で皇帝に即位した（太武帝）。皇帝即位にあわせて保母の竇氏は保太后《ほたいこう》となり、さらに皇太后《こうたいこう》となった。

ここに北魏独自の皇太后が生み出された。そもそも皇太后とは、皇帝の母親を指す称号であるが、北魏では子貴母死があるため、血のつながった母親の皇太后はいない。そのかわり金人鋳造により選

夏の拠点となった統万城。陝西省靖辺県。著者撮影

ばれた皇后が皇太后となった。それに加えて、皇太子の乳母や保母が、皇太子が皇帝に即位したのちに保太后、そして皇太后となる事例が発生した。ただし、皇后から皇太后になる女性が不在の場合に限られた。よって同時に二人の皇太后が並び立つことはない。

太武帝の対外戦争

四二四年八月、太武帝の即位の翌年、柔然六万騎が雲中に侵入し、雲中の盛楽宮をおとした。対して太武帝は軍を率いて雲中に急行し、柔然を退けた。翌年には柔然遠征の軍を起こし、ゴビを越えて柔然可汗の大檀《だいだん》を北へ遁走させた。

四二六年一〇月、オルドスを支配していた夏《か》の赫連昌《かくれんしょう》に対する遠征を開始する。凍結した黄河を渡ってオルドスに入り、赫連昌の統《とう》万城《まんじょう》（陝西省靖辺県《せんせいしょうせいへんけん》）を攻撃して、牛・馬一〇万匹と一万余家を獲得した。捕虜となった住民は平城に移されたが、平城にたどり着いたものは七割だった。

四二七年五月、また赫連昌の討伐にむかい、六月に統万城をおとし、赫連昌の弟・母・姉妹・妻妾・宮人一万人・官僚・珍宝・馬三〇万頭、牛・羊数千万匹をえる大勝利をおさめた。このとき獲得した戦利品は、従軍した将軍たちと平城にいる代人たちに分け与えた。

四二八年、赫連昌は逃亡のすえに捕らえられ、平城に連行された。太武帝は赫連昌を秦王に封じる

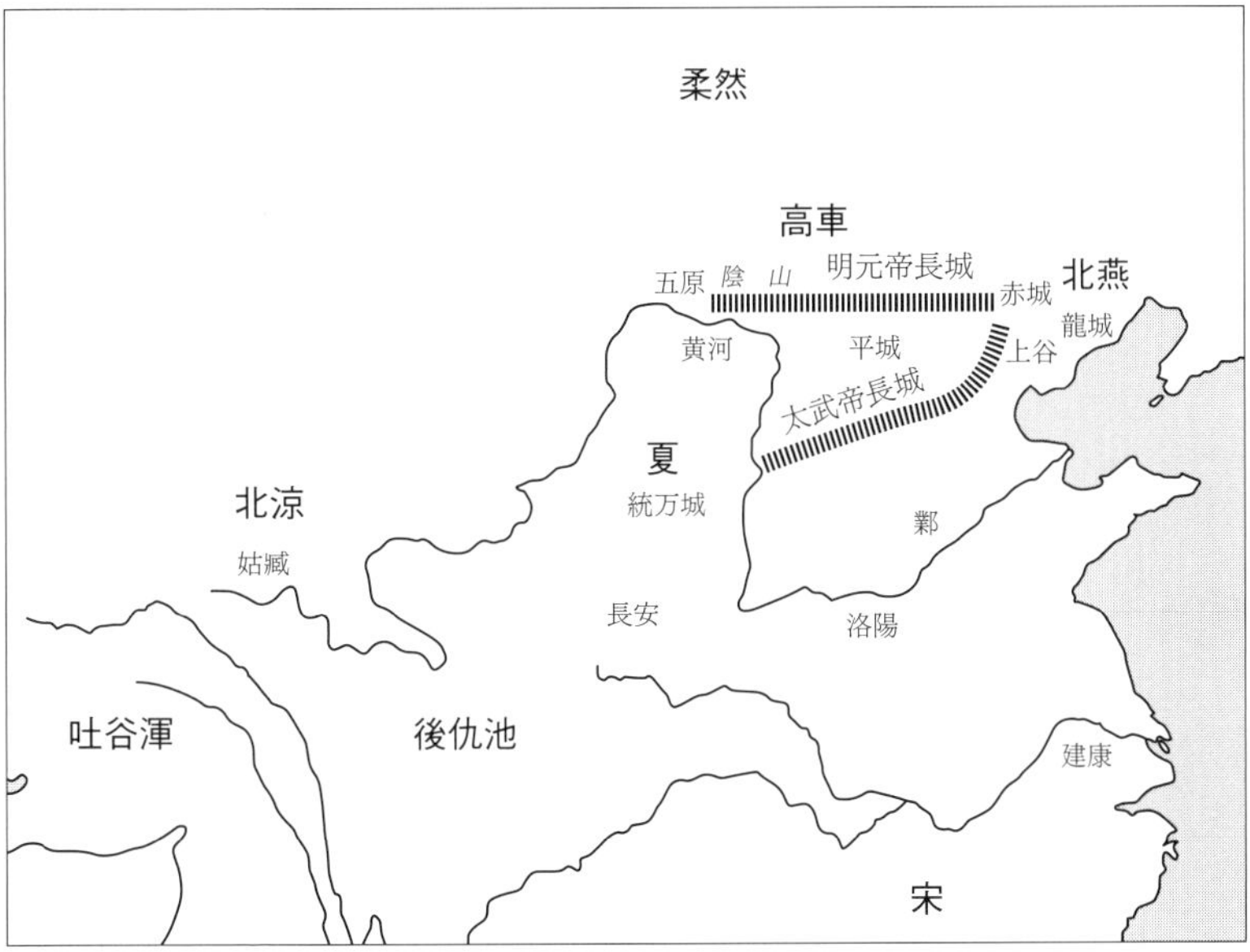

太武帝期の華北

など優遇したが、赫連昌は最後は謀反をおこして処刑された（四三四年）。夏ではあらたに赫連定《かくれんてい》が即位したが、チベット青海地方にあった鮮卑系の遊牧国家、吐谷渾《とよくこん》につかまり、平城に送られて処刑された。これにより北魏の宿敵の夏は滅んだ（四三一年）。

あとは遼西《りょうせい》の北燕《ほくえん》と甘粛《かんしゅく》西部の北涼《ほくりょう》、甘粛南部の後仇池《こうきゅうち》を残すだけとなった。四三二年五月、北燕の馮文通《ふうぶんつう》の征討を決定し、七月、北燕の龍城《りゅうじょう》（遼寧省朝陽《りょうねいしょうちょうよう》市《し》）を攻めた。一二月、北燕の宗室馮《ふう》崇《すう》・馮朗《ふうろう》・馮邈《ふうぼう》が北魏に投降してきた。馮朗は馮太后（文明太后）の父にあたる。

四三五年六月、太武帝は四万騎でもって龍城を攻め、男女六〇〇〇人を獲得した。四三六年二月、馮文通は子供を人質として差し出すことを申し出たが拒否され、精鋭一万騎が派遣された。馮文通は高句麗に逃亡し、北燕は滅んだ。

四三九年六月、太武帝みずから大軍を率いて北涼の征討に出発。八月には首都姑臧《こぞう》（甘粛省武威市《ぶいし》）にいたった。九月、沮渠牧犍《そきょぼくけん》が五〇〇〇人の官僚と降服し、城内の二〇万人と倉庫の財宝を収容した。一〇月、涼州から三万余家を平城にうつした。これでもって五胡十六国時代は終焉をむかえたと世界史教科書にも書いてある。

この理解は一面では正しい。しかしこれで北魏による華北統一が完了したのかというとそうではない。まだ甘粛南部に後仇池が残っている。後仇池の平定は三年後の四四二年なので、この時点で華北統一が完了したことになる。四三九年を太武帝による華北統一、五胡十六国の終わりとするのは、『晋書』載記の序文に、三〇四年に匈奴の劉淵が漢を称してから一三六年、五胡十六国が終わったと書かれていて、四三九年の北涼の滅亡がちょうど一三六年目にあたるからである。また後仇池が十六国に含まれていないことも関係している。

西晋から東晋へ

ここでこの間の華北以外の地の動向をみておこう。匈奴の劉淵の自立にはじまる五胡十六国時代、各地で五胡が西晋からの自立をはじめた。やがてその矛先は西晋そのものに向けられ、三一六年、西晋の愍帝《びんてい》が匈奴劉曜の漢によって殺され、西晋は滅んだ。このとき長江下流の建康《けんこう》（南京市）にいた晋の皇族司馬睿《しばえい》は、三一七年に晋王を称し、三一八年に皇帝に即位して東晋を建国した。東晋の建国にあわせ華北にいた漢族は大挙して江南に移住した。もと西晋に仕えた上級官僚の家である貴族（琅《ろう》邪《や》の王氏・陳郡《ちんぐん》の謝氏など北来貴族）が江南に移住して、東晋の皇帝を支えたため、「王と馬が天下を共にする」と称された。王は琅邪の王氏、馬は東晋帝室の司馬氏をさす。

また東晋は、建康の東の京口《けいこう》と広陵《こうりょう》を基盤とする北府《ほくふ》と、長江中流域の荊州を基盤とする西府《せいふ》の二つの軍団によって支えられていた。そのうち西府軍団を統率した桓温《かんおん》は、三四七年に、五胡の成漢《せいかん》を滅ぼして四川を獲得した。さらに三五六年には洛陽を奪い、その功績により東晋の実権をにぎり、ついには帝位簒奪を企てたが、謝安《しゃあん》の妨害によって実現しないうちに病死した。さらなるピンチが東晋を襲う。三八三年、前秦の苻堅が一〇〇万の軍を率いて南下してきたのである。このとき北府軍団を率いた謝玄《しゃげん》が、淝水《ひすい》で前秦を破った（淝水の戦い）。謝玄の戦勝報告を聞いた謝安は、客人と碁を打っていたが、顔色ひとつ変えなかった。しかし部屋にもどると大喜びして飛び跳ね下駄の歯が折れたという。客人の前ではクールにふるまう様子はいかにも貴族らしい。

南北朝時代の始まり

謝安の死後、東晋は混乱のうちに終焉をむかえる。三九九年、五斗米道《ごとべいどう》（道教系の宗教）の孫恩《そんおん》が反乱を起こし、一時は建康にせまる勢いを見せた。建康にせまる孫恩軍を撃退したのが北府軍団の将軍劉裕《りゅうゆう》である。敗れた孫恩は自殺して反乱は終息したが、かわって孫恩の乱平定を口実に長江中流域の荊州から桓玄《かんげん》（桓温の子）が建康に入り、安帝に禅譲《ぜんじょう》（皇位をゆずること）をせまり、四〇三年、皇帝に即位して楚を建国した。これにより東晋は一旦滅びたが、わずか三ヵ月後、劉裕らがクーデターをおこして桓玄を倒して安帝を復位させた。四一〇年、劉裕は山東を支配していた南燕《なんえん》を滅ぼした。さらに四一六年には後秦《こうしん》の洛陽を占領し、翌年には長安も占領して後秦を滅ぼした。五胡に奪われた中原を取り返したという輝かしい功績をもって、四二〇年、劉裕は禅譲により皇帝に即位した。南朝最初の宋である。

以後、南朝では、軍事権を掌握した軍人のトップが禅譲を強いて皇帝に即位する。その一方で、官僚の上層部は貴族たちが占めた。つまり皇帝の家は交替したが、南朝社会そのものは、貴族制のもと大きな変動なく推移したのである。家柄によって階層が固定化した社会を貴族制社会という。三国魏にはじまる官僚の選抜方法である九品官人法《きゅうひんかんじんほう》（九品中正《きゅうひんちゅうせい》）は、西晋以降、父祖の官職や家柄をもとに選ぶものに変容していった。そのため「上品《じょうひん》に寒門《かんもん》なく、下品《かひん》に勢族《せいぞく》なし（上級官職には下流のものはいないし、下級官職に貴族はいない）」という状況が生じた。西晋のときに上品に位置づけられた家柄として、琅邪の王氏・陳郡の謝氏・清河《せいが》の崔氏《さいし》・范陽《はんよう》の盧氏《ろし》などがいたが、こうした一流貴族は、江南に移住した琅邪の王氏・陳郡の謝氏は東晋・南朝で、また華北にのこった清河の崔氏・范陽の盧氏は五胡・北魏につかえた。

四二〇年、江南で宋が建国されたころ、華北では北魏がほぼ全域を支配した。これ以降、五八九年に隋が南朝の陳を平定して中国を統一するまでを南北朝時代とよぶ。

東晋と南朝のはじめには、五胡に奪われた中原を取り戻す北伐が何度か行われたが、宋の文帝の北伐が失敗におわると、中原回復は不可能であると気づく。そこで孝武帝は、南朝の首都建康を中心とした中華世界を創造していく。すなわち建康を中心とした「王畿」を設定し、祭天儀礼の場所（南郊）を建康城の中軸線の延長上の牛頭山に移設したのである。

さらに宗廟（皇帝の祖先を祭る建物）の祭祀で演奏される雅楽と、南郊（祭天儀礼）で演奏される雅楽をおなじ楽曲と定めた。皇帝と天を結びつけることで、南朝こそが正統な王朝であることを示そうとしたのである。この雅楽の通用は、隋唐に継承されて新たな中華となった（戸川貴行「漢唐間における郊廟雅楽の楽曲通用」川原秀城編『中国の音楽文化―三千年の歴史と理論』勉誠出版、二〇一六年）。

畿上塞囲＝長城の建設

四二三年（泰常八年）二月、東の赤城《せきじょう》（河北省赤城県）から西の五原《ごげん》（内モンゴル包頭市《パオトウし》）まで、平城の北側を通るラインで約一〇〇〇キロにおよぶ長城が建設された。長城沿いの各所には砦がおかれた。ついで四四六年（太平真君七年）六月、一〇万人を動員して、上谷《じょうこく》（北京市延慶県《えんけいけん》）から黄河まで約五〇〇キロにおよぶ長城を築いた。

北魏の長城は畿内を囲むという意味から「畿上塞囲《きじょうさいい》」と呼ばれた。もともと遊牧王朝である北魏が北方対策のための長城を建設することは、どのような意味があるのか。勝畑冬実「北魏の郊甸と「畿上塞囲」」（『東方学』九〇輯、一九九五年）によれば、南朝の動きと関係しているという。四二〇年、東晋の武将劉裕が禅譲により宋を建国した。その南朝宋が北方の柔然と手を組んで、北魏を南北から挟撃する姿勢を見せた。それをうけて、明元帝は四二三年、まず平城の北側に柔然の南下を防ぐための長城を築いた。

つぎに事態が動くのは、太武帝の四四五年（太平真君六年）九月のこと。盧水胡《ろすいこ》の蓋呉《がいご》が長安で反乱を起こした。この反乱勢力は一〇万人を集めた。さらに蓋呉は南朝宋に使者をおくり、使持節・都督関隴諸軍事・安西将軍・雍州刺史・北地郡公に封じられ、援軍を送る約束を取り付けた。

太武帝はこの動きを踏まえ、今度は平城の南側に長城を築いた。これによって北魏の郊甸《こうでん》が長城によってぐるりと囲まれ、「畿上塞囲」が完成した。北魏にとって郊甸は、北魏に服属した部族が居住する地域であり、生命線である。そこを守るために長城が築かれた。なお、畿内と郊甸を長城で囲い込むことは、外からの侵入を防ぐことと、内から外への部族の逃亡を防ぐことの二つの目的がある。

またこの畿上塞囲は、北魏が長期にわたって華北を支配できた要因でもあった。畿上塞囲に住む胡族の軍事力によって華北支配が持続できたのである。遊牧地帯に軸足をおいて農耕地帯を支配する。のちのいわゆる征服王朝といわれる遼・金・元・清に先駆けて、北魏はそれを実践した。逆に五胡諸国は中華世界に入りすぎたために短命におわったともいえるだろう。

漢人宰相の崔浩

太武帝の時代、宰相《さいしょう》として力をふるったのが崔浩《さいこう》である。崔浩は、魏晋時代から一流貴族である清《せい》河《が》郡（河北省臨清市《りんせいし》）の崔氏の出身である。父の崔宏は道武帝に仕え、皇帝制度の導入に尽力した。息子の崔浩は幼いときから文学を好み、儒教の経典、歴史書、諸子百家を読み、陰陽の術にも通じていた。また書も巧みであったので、道武帝はつねに側においたという。

明元帝の治世にあっては、易占いや占星術によって未来を予測した。四一五年（神瑞二年）は不作だった。そこで太史令《たいしれい》（天文占いの官）の王亮《おうりょう》と蘇垣《そえん》が予言書を持ち出し、いま鄴《ぎょう》に遷都すれば五〇年は安泰であると進言した。これに対して崔浩は、いま鄴に遷都すれば今年の飢饉は救えるが、長期的な策ではない。いまは平城にいて、もし山東に有事があれば平城から軽騎が出動し、その威力を見せつければだれも北魏の人口の少なさには気づかず、山東の人々は土煙をみて震服するだろう。これこそ北魏が中華を制する長期的な策であると反論し、明元帝は崔浩の意見に従った。

人口の少ない拓跋部がいかにすれば中華を支配できるのか。征服王朝型の支配を崔浩はよく理解していたのだ。崔浩の広い知識と情報網、占星術にもとづく予言は、つづく太武帝の対外遠征をささえた。太武帝の対外遠征には反対する胡族も多かったが、それでも実行できたのは、ひとえに崔浩の情報の正確さによる。

崔浩の活躍により、漢人の政界進出もすすんだ。北魏を胡族国家から中華王朝へと転身させようとする崔浩の思惑と、皇帝権威を高めようとする太武帝の思惑が一致し、二人三脚で政治が進められていった。しかしそんな崔浩に突如として悲劇がふりかかる。

2　「国史事件」が暴いたもの

北魏の国史編纂

拓跋部の歴史は真人代歌《しんじんだいか》という鮮卑語の歌で紡《つむ》がれてきていたが、道武帝の即位後、中華王朝にならって国史の編纂がはじめられた。このとき編纂を任されたのは、もと後燕に仕えた漢人の鄧淵《とうえん》である。鄧淵が編纂した国史は『代記《だいき》』一〇巻で、年月にしたがって行事をならべる編年体《へんねんたい》のスタイルであった。同時に鄧淵は真人代歌の整理と編纂にもあたっている。真人代歌は鮮卑語の歌を万葉仮名のように漢字をもちいて書き表したもので、『代記』は真人代歌の漢訳にあたる。

つぎに国史編纂が行われたのは、太武帝のときである。太武帝は華北を征服していく過程で、二回にわたって国史を編纂させている。

第一回の国史編纂は、四二九年（神麝《しんか》二年）のこと。これは太武帝による赫連氏の夏平定をうけたものである。このとき編纂にあたったのは、崔浩《さいこう》・崔覧《さいらん》・高讜《こうとう》・鄧穎《とうえい》・晁継《こうけい》・范亨《はんりょう》・黄輔《こうほ》ら漢人で、編年体の国書三〇巻として完成した。内容は明元帝と太武帝の治世、とりわけ夏を滅ぼしたことがメインであった。

第二回の国史編纂は、四三九年（太延《たいえん》五年）に行われた。これは太武帝による沮渠《そきょし》氏の北涼平定をうけたもので、四四九年（太平真君一〇年）頃に完成した。崔浩を監修とし、高允《こういん》・張偉《ちょうい》・陰仲達《いんちゅうたつ》・段承根《だんしょうこん》・宋欽《そうきん》・閔湛《びんたん》・郄標《げきひょう》ら漢人を集めて行われた。このとき太武帝は崔浩に「つとめて実録《じつろく》に従え」と命じている。

国史を石に刻む

国書が完成すると、閔湛と郄標が崔浩に、国書を石碑に刻んで直筆《ちょくひつ》（包み隠さず書くこと）したことを公開しようと持ちかけ、皇太子の許可を得たうえで、平城西郊外の郊天壇《こうてんだん》にいく道すがら五〇メートルにわたって国史を刻んだ石碑が並べられた。石碑の材料は後趙《こうちょう》の宮殿に使用された石材六〇枚

八公図。部分。ネルソン・アトキンス美術館蔵

が鄴《ぎょう》から運ばれた。この国史を刻んだ碑文をめぐって、北魏政界をゆるがす国史事件が勃発したのである。

　国史事件について、北宋《ほくそう》の司馬光《しばこう》が書いた『資治通鑑《しじつがん》』には、「崔浩は北魏の先世のことを詳細に書いたが、それが道路に並べられ、往来する者はみなあれこれ言った。北人《ほくじん》はみな憤慨し、崔浩が国悪《こくあく》（国家の悪事）を暴露していると皇帝に訴えた」と書かれている。崔浩が北魏の先世のことを詳細に記し、それを読んだ北人すなわち拓跋部の人たちが、国悪を暴露していると憤慨して太武帝に訴えたのである。

　この訴えをうけて太武帝は、監修者の崔浩と執筆者の高允を呼んで事情聴取した。しかし崔浩は震え上がって答えられず、結果、崔浩と部下一二八人には夷五族《いごぞく》（一族処刑）という判決が出された。

　しかしこの判決に対して、国書の直筆は許されることであって、これを罪に問うことはできないと高允が反論し、最終的には崔浩とその一族、および崔氏と婚姻関係のあった范陽《はんよう》の盧《ろ》氏《し》、太原《たいげん》の郭氏《かくし》、河東《かとう》の柳氏《りゅうし》が処刑されることとなった。一方、高允は太武帝の諮問に正直に答えたことで死刑を免れた。

習俗が「国悪」なのか

この事件は、『資治通鑑』によれば、北魏の先祖の事を記した部分を読んだ拓跋部の人たちが、「国悪を暴露している」として憤慨したことに端を発している。どのような記述が「国悪」とされたのだろうか。竹内康浩『「正史」はいかに書かれてきたか』（大修館書店、二〇〇二年）は、鮮卑拓跋部の習俗が関係していると述べる。具体的には、岡田英弘『世界史の誕生』（筑摩書房、一九九九年）にあげられた以下の項目をさす。

・若者を尊敬し、老人を軽蔑する。
・性質は乱暴で、怒れば父や兄を殺すが、母は決して殺さない。
・文書はない。
・結婚はまず恋仲になって男は女をさらい、半年か一〇〇日たってから仲人を立てて馬・牛・羊を贈って結納とする。
・みな頭を剃っている（辮髪）。
・父や兄が死ぬと継母や兄嫁と結婚する（レビレート）。
・人が死ぬと死んですぐは泣くが、葬式では歌ったり踊ったりして送り出す。

これらは『三国志』に引用される王沈『魏書』の烏丸の記述にもとづくもので、ひろく遊牧民に見られる習俗だが、漢人からみれば野蛮とうつる。北魏は鮮卑の習俗を捨て、徹底的な中国化をはかった王朝で、最終的には自分たちがもともと持っていた言語も衣裳も名前すら捨てて、中国文化への同一化を進めた王朝である。その途上にあった太武帝の時代、鮮卑の人は、もはや中国の風俗・習慣に完全に慣れ、祖先たちや過去の自分たちの持っていた文化を忘れ、あるいはそれに引け目を感じるようになっていたと竹内氏は述べる。

太武帝期の拓跋部の人たちは、拓跋の習俗を野蛮なものとして恥じていたのか。

実際は、太武帝期には第一章でみた嘎仙洞碑文《かっせんどうひぶん》にあるように、自分たちは可汗《かがん》・可敦《かとん》の子孫であると表明し、遊牧世界の君主であることに誇りを持っている。また西郊祭天という拓跋部の習俗に由来する祭祀も行われている。よって拓跋部の習俗を野蛮なものとして恥じる気持ちはない。

国悪とは拓跋部の習俗を指すのではない。なお『資治通鑑』はこの事件の六四五年後に書かれた史書で、ここに書かれた内容は『魏書』にはなく、『北史』という唐代に書かれた史料をもとにしている。つまり唐の人がこの事件の原因を、北魏の先祖の習俗について書いたために拓跋部の人が激怒したと解釈したのである。すなわち後世の解釈に拠っているのであり、北魏の実情をリアルタイムに反映したものではないのである。

崔浩の罪状

しかし結果的に崔浩たちが処刑されたことは事実である。ではその原因は何だったのか。私はこの事件を「族滅《ぞくめつ》」という刑罰から考えてみた。「族滅」という刑罰に該当する罪状は大逆罪《たいぎゃくざい》である。大逆罪とは皇帝に対する犯罪をいう。皇帝に危害をくわえるだけではなく、反乱を起こす、国外逃亡する、宮殿や陵墓を破壊する、皇帝を批判するなどが含まれる。

崔浩は国書を石碑に刻んだことで大逆罪に問われたことになるが、どのあたりが抵触したのだろうか。国書の内容が皇帝を批判していると判断されたと私は推測する。高允は国書の直筆は族滅に当たらないと言っているが、直筆したことがかえって皇帝を批判していると読んだ人に判断されれば、大逆罪として成立する。

崔浩が実録に従って国書を直筆したことは史官のつとめとして評価される行為である。史官は筆を曲げず。権力者におもねらず、正しいと思ったことを書いた春秋時代の董狐《とうこ》のような史官が古来良史の才として評価された。その意味では崔浩もよき史官であったが、落とし穴があった。それは直筆した内容を石碑に刻んで公開してしまったことだ。公開したことで、書かれた内容について、読者があれこれ議論する事態を生じさせたことが、結果として大逆罪に結びついてしまったのである。

私はこの事件を北魏の法制度から考え論文として発表したが、そのあと中国のテレビドラマ『北魏馮太后』をみた。崔浩が刑場にむかう途中、沿道の人々から「大逆不道、祖先を辱めた！」と罵声をあびるシーンがあり、ギョッとした。祖先を辱めたという部分は違うが、大逆罪という点では同じ結論だったからだ。

後世への影響

国史編纂によって崔浩が処刑された。このことは北魏における国史編纂に暗い影を落とした。崔浩の一族である清河の崔氏をはじめ、それと婚姻関係にあった范陽の盧氏、太原の郭氏、河東の柳氏が処刑の対象となり、南朝に逃亡するものもいた。南朝宋と戦争をしていた太武帝は、漢人が南朝に逃亡するのを危惧して、崔浩の姻戚関係者を罪に問うのをやめた。
しかし漢人の心には北魏に対する恐怖心が残り、門を閉ざして任官しない者も出た。また国史編纂においても影響がでた。このあと北魏において国書が完成することはなかったのである。

3　仏教と雲崗石窟

拓跋部と仏教の出会い

中華世界から夷狄《いてき》とされた五胡の君主たちが、中華世界を支配するためにもとめたものは、神秘に満ちたカリスマ性を身につけることであった。そのために五胡の君主は皇帝になろうとした。しかし夷狄は皇帝になれないという認識が根強くあった。そこで匈奴の劉淵は、皇帝になれるかどうかは出自ではなく、徳をもっているかどうかだとして皇帝を称した。一方、羯の石勒は皇帝を称することに躊躇して天王を称し、晩年になってようやく皇帝に即位した。また石勒は自身のカリスマ性を高めるために仏教を利用した。

石勒に仕えた仏図澄《ぶっとちょう》は、器に水を入れて香を焚き、呪文を唱えて青い蓮華《はす》を生じさせるという秘術によって石勒の信用をえて、石勒・石虎の二代三〇年にわたって後趙の君主を支えた。仏図澄はまた襄国《じょうこく》や鄴《ぎょう》といった後趙の首都を中心に仏教を広め、寺院は八九三所、信徒は一万人に及んだ。こうして仏教は五胡の君主を支えると同時に、華北社会に浸透していった。

雲崗石窟の第13窟東壁3層には、交脚菩薩像の足元に胡服の供養者が並ぶ。供養者とは、石窟を造営する際の出資者、いわばスポンサーである

拓跋部と仏教の出会いは、道武帝が後燕を滅ぼしたときにはじまる。このとき道武帝に招かれた僧侶の法果《ほうか》は、「太祖は英明な君主で仏教を信奉している。まさに現世に現れた如来《にょらい》である。沙門《しゃもん》（出家者）はみな礼をつくすべし」と道武帝に仏と同じカリスマ性をあたえた。

道武帝以降の北魏皇帝は仏教に対して好意的であった。北魏皇帝は高徳な僧侶を招いて談論し、四月八日の釈迦の誕生日（降誕会《こうたんえ》）には、車にのせた仏像が平城の街路をめぐるなか、門のうえから花を散らす散華《さんげ》をおこなっている。太武帝もはじめは仏教に好意的であった。しかしのちに廃仏という仏教弾圧をおこなった。この背景にはなにがあったのだろうか。

新天師道と廃仏

中国史上に悪名高い「三武《さんぶ》一宗《いっそう》の法難《ほうなん》」とよばれる四つの仏教弾圧がある。その最初の事例が、北魏太武帝によっておこなわれた。そのほかは、北周の武帝・唐の武宗・五代後周の世宗によるものである。太武帝による仏教弾圧いわゆる廃仏とは、どのようなものだったのか。そこには漢人宰相の崔浩と新天師道《しんてんしどう》（道教）の寇謙之《こうけんし》が深くかかわっている。

寇謙之は河南の嵩山《すうざん》で修行し、道教の神である太上老君《たいじょうろうくん》の玄孫から、北方の泰平真君《たいへいしんくん》を補佐して、真君の御世を復元するようにとのお告げをうけ、平城にやってきた。このとき失脚していた崔浩は、寇謙之と話し合ううちに意気投合した。崔浩の目指す上帝に選ばれた皇帝が地上をおさめる儒教世界と、寇謙之の勧める太上老君に選ばれた泰平真君が地上をおさめる道教世界が一致したのである。儒教の皇帝と道教の泰平真君が融合した新たな君主として、太武帝のカリスマ性を高めようと考えた。

二人の目指す君主像に魅了された太武帝は、四四〇年、皇孫にあたる文成帝の出生にあわせて太平真君と称し、四四二年には、平城の東郊外に静輪天宮《せいりんてんきゅう》を建てて、そこにのぼって符籙《ふろく》（予言書）を受けた。これ以降、北魏では皇帝の即位にあわせて道壇にのぼり符籙を受けるようになった。ただし『魏書』を見る限り、それが確認できるのは、太武帝・文成帝《ぶんせいてい》・献文帝《けんぶんてい》の三人だけ。孝文帝以降記載がないことからすると、この儀式は孝文帝期に廃止されたと思われる。

複数の顔をもつ北魏皇帝

北魏皇帝には複数の顔がある。拓跋部の部族長としての顔、遊牧民のリーダー可汗としての顔、中華世界（儒教）の皇帝としての顔、仏教の如来＝現世に現れた仏としての顔、そして道教の神＝泰平真君としての顔である。これら複数の顔を同時に持つことで、北魏の支配下にいる様々な人のうえに君臨した。皇帝の顔だけでは統治できなかったのである。あらゆるものを受け入れ、活用していく遊牧民のしたたかさが、そこには表れている。

廃仏の詔

崔浩は、普段から仏教が中華を乱す元凶であると太武帝に進言していたが、太武帝が廃仏を決断したのは、四四五年に陝西一帯で起きた蓋呉《がいご》の反乱において、僧侶の腐敗を目の当たりにしたことが直接の原因である。蓋呉の乱を鎮圧するため、長安に親征した太武帝が長安の寺院に入ると、僧侶たちは太武帝の従者たちに酒をふるまって接待した。ある従者が僧侶の私室に入ると、そこに大量の武器が保管されているのを見つけ、太武帝に報告した。太武帝は僧侶たちが蓋呉と通じていると考え、さらに寺院を調べさせると、醸造用の道具や地元有力者から寄進された大量の財宝が見つかった。また地下に隠し部屋があって、貴族の婦女子と僧侶が淫乱な行為に及んでいたことも露見した。

僧侶の不法行為に怒りを覚えた太武帝に、この機を逃さず廃仏を断行すべしと崔浩が進言した。そこで太武帝は「廃仏の詔」を出すにいたった。その内容は、長安の僧侶を処刑し、仏像を焼くというもの。さらに全国にも布令を出し、僧侶を匿っているものは役所に送り届けさせた。もし期限を過ぎても届けないで発覚した場合、僧侶は死刑、僧侶を匿った家は一族を処刑するという厳しい内容であった。

四四七年には、全国の仏像・仏典の破壊焼却と、僧侶の穴埋めというより厳しい布令が出された。仏教信者だった景穆太子《けいぼくたいし》は、意図的にこの布令の発布を遅らせ、そのため僧侶は逃亡して身を隠し、仏像や仏典も秘蔵されて被害を免れることができたが、木造の仏塔はことごとく破壊されてしまった。

復仏の詔

しかし四五二年、太武帝が没して文成帝が即位すると「復仏の詔」が出され、仏教は復興する。ただし復興した仏教は、国家の統制下におかれることになった。例えば、人が多く住む所では寺院をひとつ建てることを許す。地元で素行がよいと認められた者の出家を許す。ただし、大州で五〇人、小州で四〇人、辺境の郡は一〇人といった制限がもうけられた。

復仏の詔が出されると、寺院は再建され、仏像や経典も世に現れるようになった。平城では皇帝と等身大の石像をつくらせたが、完成した石像の顔と足の裏に黒石があって、それが皇帝のホクロとぴったり一致していた。それを見た人は皇帝の御心が仏に通じた結果だと評したという。

四五四年には、平城の五級大寺に太祖以下五人のために釈迦立像《しゃかりつぞう》五つが鋳造された。それぞれの釈迦立像の大きさは一丈六尺（約四メートル）で、銅二五万斤（五〇トン）がつかわれた。皇帝を仏像になぞらえることは、雲崗石窟《うんこうせっくつ》に先駆けるものである。

雲崗石窟――曇曜五窟の謎

現在の大同市から西に約二〇キロ、武周川《ぶしゅうせん》にそって谷あいの路をのぼっていくと、向かって右手に見えてくるのが雲崗石窟である。私がはじめて雲崗石窟を訪れたのは、一九九四年のことで、バスにゆられてたどりついた雲崗石窟は人も少なく、観光用のラクダが客を待つ静かなところだった。現在はユネスコの世界遺産に登録されたこともあって、公園として整備され、大型バスで観光客が押し寄せている。もちろん入場料も格段に値上がりした。

四六〇年、沙門統《しゃもんとう》（僧侶を統轄する官職）になった曇曜《どんよう》は、文成帝に平城の西郊外の武周川沿いの断崖に五つの石窟を開き、五体の仏像、大きいもので高さ七〇尺（一八メートル）、小さいものでも六〇尺（一五メートル）を彫造することを上奏し、許可された。これを曇曜五窟《どんようごくつ》（第一六窟から第二〇窟）という。曇曜五窟の本尊の大きさは、一三・五メートル（第二〇窟・第一六窟）、一五・五メートル（第一八窟）、一六・三メートル（第一七窟）、一六・五メートル（第一九窟）で、奈良東大寺の大仏の一五メートルをこえるものもある。

五つの仏像は、五人の皇帝の姿を模したものとされる。ただしどの仏像がどの皇帝に相当するのかについては議論が分かれる。平城の五級大寺において、太祖以下五帝の釈迦立像をつくっていることから、曇曜五窟も太祖以下五人だと考えられる。ただし太祖の候補者が二人いる。平文帝と道武帝である。なお『魏書』で太祖というときは、基本的には道武帝を指すので、道武帝・明元帝・太武帝・太武帝の長男で皇太子のまま没した景穆帝・文成帝の五人でいいと思う。

つぎにどの窟の大仏がどの皇帝に該当するかであるが、これは実に難問である。配置の問題だけでも、単純に、西から順番に並べる、あるいは逆に東から並べるという考えもできる。また中央の一八窟に道武帝を置いて、以降、二代目明元帝・四代目景穆帝を左、三代目太武帝・五代目文成帝を右に配置していく配列、これを昭穆制《しょうぼくせい》といい中国の宗廟における配置を採用した可能性もある。さらに坐像と立像の違いをどう考えるか。仏像の服装は、第一六窟だけが中国式であることをどう考えるか。これら多様な問題を考えたうえで、しっくりくる答えを導き出さなければならない。読者の皆さんもぜひ挑戦してほしい。

曇曜の発願による雲崗石窟の開削は、以下のように工事が進められたと推定されている。

第一段階　岩斜面を掘削して空洞をつくる。

第二段階　空洞のなかに足場を組む。

第三段階　足場を利用して大仏の彫刻と着色。

一日最大三七〇人を動員して九年と三ヵ月かけて曇曜五窟が完成したと試算されている（岡村秀典『雲岡石窟の考古学』臨川書店、二〇一七年）。

曇曜五窟の仏像は涼州様式で、北涼平定後に平城に移された涼州の僧侶が関わったと考えられている。石窟はインドにはじまり、中央アジアをへて甘粛（涼州）に伝わった。曇曜五窟の仏像様式が、ガンダーラ様式とか涼州様式と呼ばれるのは、石窟が伝わってきたルートと関係している。その一方で、雲崗石窟には、礼拝のための大仏窟や北魏建築を模した仏殿窟など、北魏独自の要素もあり、東西文化の融合をみることができる。

また雲崗石窟には大代の国号を使用する碑文が第一七窟（四八九年）、第一一窟（四九五年）、第二八窟（五一四年）と三つある。このことから、平城に暮らす人々は、首都が洛陽にうつったのちも依然として国号として代を使用したこと、すなわち代国に所属しているという意識をもち続けていたことがわかる。

こうして開かれた雲崗石窟は、おもに北魏時代を通じて拡張され、その後、清末に至るまで修築されたが、一九〇二年、日本人建築家の伊東忠太《いとうちゅうた》がこの地を訪れ、雲崗石窟を世界にはじめて紹介した

第17窟

雲崗石窟の「曇曜五窟」のうち、第16窟

	第20窟	第19窟	第18窟	第17窟	第16窟
塚本善隆		太武帝	文成帝	景穆帝	
Soper,A.C.	景穆帝	太武帝	明元帝	道武帝	平文帝
Caswell,J.O.	道武帝	明元帝	景穆帝	文成帝	
吉村怜	明元帝	道武帝	太武帝	景穆帝	文成帝
杭侃	太武帝	道武帝	明元帝	景穆帝	文成帝
曽布川寛	道武帝	明元帝	太武帝	景穆帝	文成帝

曇曜五窟と五帝の対応の諸説。岡村秀典『雲岡石窟の考古学』臨川書店、2017年より

第19窟

第18窟

第20窟。いずれも著者撮影

ことも忘れてはならない。

4　文成帝南巡碑をよむ

碑文の発見

北魏前期の統治機構を知ることができる重要な史料に、「文成帝南巡碑」がある。

北魏の文成帝は、四六一年（和平二年）二月、河北の鄴へ行幸した。その帰路、霊丘《れいきゅう》（山西省霊丘県。戦国趙の武霊王《ぶれいおう》の墓があることから霊丘とよばれる）の南で、高さ四〇〇丈（約一〇〇〇メートル）の山の嶺を越えるかどうか、臣下たちに弓を射らせた。しかしだれも成功しなかった。ついで皇帝が矢を射ると、矢は山頂をはるかに越えて山の反対側に落ちた。そこでその場所に碑文を建てた。北魏の酈道元《れきどうげん》が書いた地理書『水経注』にも御射碑《ぎょしゃひ》として記録されている。

一九八〇年、山西省霊丘県の県城の東南一五キロ、唐河《とうが》の台地上から「皇帝南巡之碑」が発見された。さらにその後の調査で碑文の断片八つがみつかった。これが「文成帝南巡碑」と呼ばれるもので、碑文に書かれた内容（二六〇〇字）をもとに研究がおこなわれた。そしてここから、北魏前期の官僚制度が明らかになってきたのである。

「内」のつく官職、「真」のつく官職

この碑文の表面には、皇帝が行幸したことについて書かれているが、研究者たちが注目したのは裏面である。裏面には行幸に参加した官僚が、相撲の番付表のように官位の上位から下位へと並んでいた。そのなかには『魏書』には見られない官職があり、北魏独自の官僚制度の実態解明につながるものとして期待された。

「文成帝南巡碑」に登場する独特な官職には、内阿干《ないあかん》・内行内小《ないこうないしょう》・内三郎《ないさんろう》など「内」がつく官職がある。また一方で折紇真《せっこつしん》・雅楽真《ががくしん》・斛洛真《こくらくしん》・羽真《うしん》と「真」がつく官職もある。まず「内」がつく官職については、これらはいずれも皇帝の側近官にあたり、『魏書』で内朝《ないちょう》とされる官職にあたる（川本芳昭『魏晋南北朝時代の民族問題』汲古書院、一九九八年）。

ついで「真」は『南斉書』魏虜伝に、北魏独自の官職として、役所の文書官を「比徳真《ひとくしん》」、武器を帯びる者を「胡洛真《こらくしん》」、主人のために取り次ぐ人を「折潰真《せっかいしん》」と呼ぶとあり、「真」は～する人という意味の鮮卑語である（白鳥一九八六）。

文成帝南巡碑。1980年代に山西省霊丘県で発見された。覚山寺蔵。著者撮影

またこれらの官職はモンゴルにも共通するものがあることが指摘されている。比徳真はモンゴルの必闍赤（ビチクチ）、胡洛真は火兒赤（コルチ）、折潰真は扎魯花赤（ジャルグチ）など。これらはモンゴルでは

ケシクテンと呼ばれるハーンの側近にあたり、北魏では内朝にあたる。

なお『魏書』官氏志に、

はじめ帝は古《いにしえ》の純質に法《のっと》り、官号を制定する毎に、多く周漢の旧名に依らず。或いは諸身に取り、或いは諸物に取り、或いは民事を以て、みな遠古の雲鳥の義に擬《なぞら》えた。諸曹の走使はこれを鳧鴨《かも》というは、飛ぶ迅疾《はやさ》を取る。伺察《しさつ》の者を以て候官《こうかん》と為し、これを白鷺《しらさぎ》というは、その頸《くび》を延《の》ばし遠望するを取る。自余《そのた》の官、義はみな此に類し、みな比況《たとえ》あり。

とあり、道武帝が官職名を決めるにあたり、職務内容を類推させるような人（これは『南斉書』にある〇〇真のこと）や動物などにたとえて付けていたという。役所の伝達係は素早く移動することから鳧鴨《かも》と呼び、監査官はあちこち観察することから首をのばして遠くを見る白鷺になぞらえて命名している。またおそらくこうした命名法は北魏建国以前のやり方で、鴨や白鷺と漢字で書かれているが、もとは拓跋の言葉で呼ばれていたと思われる。

代国時代の昭成帝が整備した左右近侍の官は、北魏になってから内朝と呼ばれた。内朝は皇帝＝可汗のもとで政策の決定に関わるような重要なポジションを占めた。内朝の就任者はおもに部族長の子弟から選ばれ、皇帝＝可汗と鮮卑語で話していたようである。漢人で内朝になるものは鮮卑語と漢語のバイリンガルであることがもとめられた。

「内行内小」と胡漢二重体制

文成帝南巡碑には、『魏書』には記載されていない官職があり、その官職がいかなるものか不明なものが多い。そのなか、私が明らかにした「内行内小」について紹介しておこう。碑文の第一列の左側に「内行内小」とだけ書かれた人物が二〇人登場するが、そのうち「内行内小　歩《ほ》六孤龍成《ろくこりゅうせい》」に私は着目した。歩六孤氏は孝文帝のときに陸氏と改めたから、この人物は陸龍成という『魏書』巻四〇に列伝がある人物であると推測し、列伝を確認すると、陸龍成が最初に中散《ちゅうさん》となったとある。

覚山寺。山西省霊丘県。著者撮影

同様の事例が墓誌にも見られる。例えば、楊播《ようはん》墓誌に「年十有五、司州秀才に挙《あ》げられ、内小に拝《はい》す」とあり、『魏書』楊播伝には「楊播は少《わか》くして修整、奉養は礼を尽くす。擢《てき》して中散と為《な》す」となっている。これらの事例から、私は内行内小と内小は『魏書』でいう中散のことであると考えた。なお中散とは、高官の子弟が最初につく皇帝の侍従官、すなわち内朝の官職の一つである。

その後、窪添慶文『墓誌を用いた北魏史研究』（汲古書院、二〇一七年）によって、内行内小は侍御中散《じぎょちゅうさん》（五品上）、内小は中散（五品中）のことで、内行内小と内小とは別であることが明らかにされた。内朝官のなかでも内行とつくものの方が上位の官職であるという窪添氏の指摘は、碑文の第一列に内行内三郎があり、第三列に内三郎があることからも確かである。私の推測は一部分当たっていたが不十分だった。

私はこの碑文が見たくて、碑文が保管されている山西省霊丘県の覚山寺《かくざんじ》まで行った。ちょうど山西省考古研究院の研究員が拓本をとっているなか、碑文の裏側にまわり、碑文の左上をみると確かに「右五十一人内侍之官」と刻まれていた。

文成帝南巡碑の解読によって、これまで知られていなかった北魏の官僚制度の一部が明らかになった。碑文第一列は「右五十一人内侍之官」とあるように、皇帝の側近にあたるが、碑文の肩書をみると、侍中・散騎常侍など中華皇帝の侍従官の肩書をもつものと、内阿干・内行内三郎・内行内小といった遊牧可汗の侍従官の肩書をもつものがいる。なかには両方の肩書をもつものもいる。このことから北魏前期の官僚制度は、遊牧的な制度と漢族的な制度が入り混じった胡漢二重体制であったことがより鮮明になった。

第五章 中華の中心へ

孝文帝の「漢化」

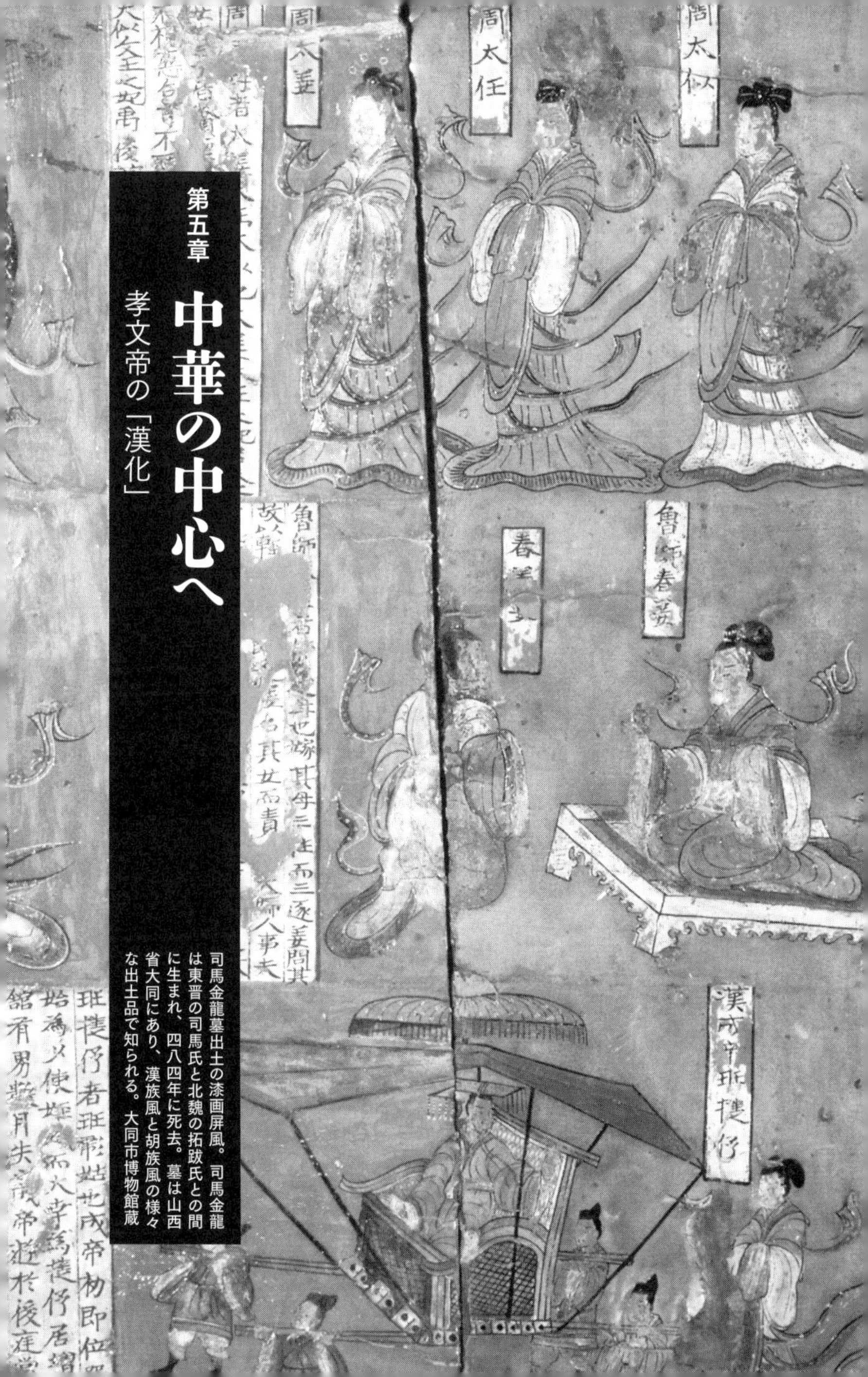

司馬金龍墓出土の漆画屏風。司馬金龍は東晋の司馬氏と北魏の拓跋氏との間に生まれ、四八四年に死去。墓は山西省大同にあり、漢族風と胡族風の様々な出土品で知られる。大同市博物館蔵

北魏を「中華王朝」へと大きく変貌させたのが、本章でみる孝文帝である。孝文帝の治世の前半に政治を担当していたのが摂政の文明太后だった。この時期に、均田制《きんでんせい》や三長制《さんちょうせい》といった形を変えて後世に継承される重要な制度が創設された。文明太后の死後、親政を開始した孝文帝は、さらなる改革を断行し、洛陽に遷都する。

孝文帝の改革を漢化政策《かんかせいさく》と呼び、これによって北魏は中華王朝になったとされる。その漢化政策として世界史教科書に取り上げられるものが、胡語《こご》・胡服《こふく》の禁止であり、拓跋部がみずからの習俗をすてて漢化したとされる。はたしてその実態はどうなのか。

1　文明太后の政治

文明太后の出自

文明太后馮氏《ふうし》は、長楽《ちょうらく》郡信都《しんと》県（河北省冀州市《きしゅうし》）を本籍地とする漢人で、五胡十六国時代に北燕《ほくえん》を建国した一族である。北燕の馮弘《ふうこう》の子どもたちは、後継者争いに敗れて北魏に亡命した（四三三年）。馮氏の父馮朗《ふうろう》は、北魏に仕えて秦《しん》・雍《よう》二州刺史《しし》（長安方面の州の長官）となり、このとき馮氏が生まれた（四四二年）。

しかし、馮朗の弟の馮邈《ふうぼう》が柔然に亡命した。これにより兄の馮朗は謀反の罪に連坐して殺され、幼かった馮氏は後宮の奴隷とされた。たまたま馮氏の叔母が太武帝の左昭儀《さしょうぎ》（後宮の第二位）だったことから、その叔母に養育され、読み書きの教育を受けた。

四五二年、文成帝が即位すると、馮氏は貴人《きじん》（後宮の第三位）に選ばれ、四五六年には、一四歳で皇后となった。このとき文成帝は一七歳。四六五年、文成帝が二六歳で病死した。北魏では皇帝が崩御すると、三日後に皇帝の衣服や器物を焼き、官僚や后妃たちがみな号泣しながら見送るという儀礼がある。その儀礼の最中、馮氏は叫びながら炎のなかに飛び込み、左右のものに救出され九死に一生を得た。

同年、献文帝が一二歳で即位すると、馮氏は二四歳で皇太后となった。なお献文帝の母は李氏で、子貴母死により死を賜っており、皇太后の馮氏と献文帝の間には血縁関係はなく、制度上皇太后となったのである。つまり、孝文帝にとっては「血のつながりのない祖母」ということになる。献文帝が即位したとき丞相乙渾《おつこん》が実権を握っていたが、馮太后（文明太后は諡《おくりな》）は乙渾に謀反の罪をかぶせて処刑し、権力を掌握した。

文明太后と孝文帝

四六五年、実権を奪った文明太后だが、二年後に孝文帝が生まれると、その養育にあたるため後宮に引きこもり、政治をみなくなった。

文明太后が孝文帝を養育したことについて、彼女が孝文帝の生母だからという説がある。父親は献文帝または寵愛していた李弈《りえき》とされる。もし献文帝であれば、父である文成帝の妃を自分の妃とするレビレートが行われたことになる。四六五年当時、献文帝が一二歳、文明太后は二四歳、年齢的にはあり得ない話ではない。

しかし文明太后は、孝文帝の生母ではないと私は考える。子貴母死制によって生母が死を賜ったあと、生母の代わりに乳母や保母が養育にあたる。その乳母や保母は皇太子が皇帝に即位すると保太后、さらに皇太后という地位を得る。文明太后は自分の死後に他の女性が保太后さらに皇太后となることを防ぐため、みずから孝文帝の養育にあたったのであり、生母だからではない。それに後継者の生母は死を賜うのだから、後継者を生むような危険をあえて犯すとは考えづらい。後継者の生母であることを隠すために李氏を身代わりに立てる。こんな回りくどい手段を取ることにメリットがあるのか。そもそも文明太后はすでに皇太后なのだから、こんな裏技を用いる必要はない。

文明太后の政治

孝文帝の養育のため政治から離れた文明太后だが、献文帝が文明太后の愛人李弈を処刑すると、それを恨んで献文帝を毒殺した。このとき献文帝は太上皇帝という立場だった。それ以前、献文帝は政治に嫌気がさし、仏教に心を寄せていった。そこで叔父の京兆王子推《きょうちょうおうしすい》に皇帝の位をゆずろうと考えた。なぜ皇太子の孝文帝ではなく叔父だったのか。子推は文成帝の弟にあたり、宗室のなかで最年長。文明太后に対抗できる人物として期待したようだ。しかし大臣たちは、父子相続が北魏の伝統であると主張して猛烈に反対した。その結果、皇太子である五歳の孝文帝に譲位し、みずからは太上皇帝となったのである。

四七六年、献文帝が死去すると、文明太后（正式には孝文帝の血のつながりのない祖母の太皇太后）が政治をみることになった。このとき孝文帝は一〇歳。以後、四九〇年に文明太后が死去するまでの一四年間、文明太后の時代となる。

文明太后は後宮から命令を出す。そのため宦官《かんがん》（後宮に仕える去勢された男性）が暗躍した。『魏書』皇后伝には、杞道徳《きどうとく》・王遇《おうぐう》・張祐《ちょうゆう》・苻承祖《ふしょうそ》らは、賤しい宦官から一年しないうちに王公となったとある。王遇は後宮に出入りし、数年のうちに宰相となり、褒賞としてもらった帛は千万億を数え、罪を犯しても死罪にならないという許可書ももらったと書かれている。

王遇はもとの名を鉗耳慶時《かんじけいじ》といい、馮翊《ふうよく》・李潤鎮《りじゅんちん》（陝西省西安の北）に住んでいた羌族《きょうぞく》である。罪を犯して宦官となり、文明太后に寵愛されて出世した。建築の才能があり、雲崗石窟、方山《ほうざん》の寺院をはじめ、平城や洛陽などに多くの建物をたてた。なお彼は郷里に暉福寺《きふくじ》を建てたが、その寺院建立を記念した碑文の題名は「大代宕昌公暉福寺碑」（現在西安碑林にある）となっており、国号を大代としている。王遇にとって所属する国家は大代であったことがわかる。

文明太后は、聡明で智謀がある一方で猜疑心が強く、たとえ寵愛をうけた人であっても、ちょっとしたミスで鞭打ちにされた。ただ根に持つようなタイプではなく、再び寵愛をうけて出世する人もいた。しかし自分のことを批判する者は徹底的に弾圧した。なかでも孝文帝の生母の李氏一族は弾圧された。そのため孝文帝は文明太后の晩年まで生母の李氏について具体的に知らされていなかったという。

文明太后の改革

文明太后執政期に行われたおもな改革には以下のものがある。
四八四年、俸禄制《ほうろくせい》の実施。
四八五年、均田法の発布。
四八六年、三長制の実施。
四八八年、部大人制の廃止。

俸禄制とは官僚に給料を支給する仕組みのこと。北魏ではそれまで官僚に給料は支給されていなかった。そのかわり戦争などで獲得した奴隷・馬・牛・羊が与えられ、それを元手に自給していた。また地方長官として赴任先でワイロをとったり、税を懐に入れるものもいた。そうした官僚の不正をただすためにも抜本的な改革として、官僚に給料を支給する俸禄制を導入することになった。

給料を支給するためには、給料のもととなる税を確保しなければならない。そこで国民に土地を支給し、収穫物を税として徴収する仕組みとして均田制が導入された。また国民に土地を支給したり、税を徴収するためには戸籍が必要となる。そこで戸籍を作成し、徴税を担当するものとして、隣長《りんちょう》（五家を一隣）・里長《りちょう》（五隣を一里）・党長《とうちょう》（五里を一党）の三長が置かれた。

さらにこれまで遊牧民は部族大人によって管理されていたが、これ以降、遊牧民も漢族とおなじく州郡県のもとで戸籍に登録して土地を支給することになり、部大人制は廃止された。元萇墓誌《げんちょうぼし》に「太和一二年、俟懃曹《しきんそう》を廃して司州《ししゅう》をおいた」というのは、この部大人制を廃止して、司州（首都平城を管轄する州）の管轄としたことを意味する。

部族はどうなったのか。部族長たちは多くの奴隷や牛を抱えていた。よってそれに応じて土地もたくさんもらったはず。その土地を奴隷たちに耕作させたと思われる。また部族長は多数の家畜も持っていたはずで、それら家畜を手放したとは考えにくい。おそらく牧畜も継続していたであろう。管理する組織がかわっても、彼らの生活が遊牧から農耕になったとは思えない。部族長たちは、従来のように、大土地所有者として、多くの奴隷たちに牧畜や農耕を行わせ、自分たちは都の住民として、優雅な生活を送ったのだろう。

北魏の土地制度・均田制

北魏の均田制は、征服地の住民を平城周辺にうつし、人数にしたがって土地を与える計口受田《けいこうじゅでん》にはじまると言われる。均田制における土地の支給対象は、成年の男子（一五〜六九歳）・既婚女性・奴婢と牛。奴隷と牛に土地を支給したのは、奴隷や牛を保有する部族長や豪族に配慮した結果である。支給された土地は、露田《ろでん》（穀物を植え、死亡または七〇歳に達すると国家に返還する）と桑田《そうでん》（桑を植え絹を納める。返還なし）と麻田《までん》（桑の育たない地域で麻を植え麻布を納める。返還あり）の三つがあった。

これまでの中国王朝でも土地の支給や所有に関する制度はあった。例えば、周の井田制《せいでんせい》（土地を井の字形に九つに分けて周囲の八つを支給し、中央の一つを共有地とする）、前漢の限田制《げんでんせい》（大土地所有者に対する土地所有の制限）、三国魏の屯田制《とんでんせい》（土地を持たない人に土地を支給して一般より高めの税をとる）、西晋の占田《せんでん》・課田《かでん》法（身分に応じて土地所有の上限をさだめる）など。

しかしこれまで実施された土地制度には、支給した土地を国家に返還する規定はなかった。北魏の均田制になってはじめて土地の支給と返還の規定ができた。

均田制実施の背景にはもう一つ、南朝との関係の変化があった。四六六年、南朝の宋では晋安王子勛《しんあんおうしくん》の乱がおこり、子勛派の将軍薛安都《せつあんと》が北魏に救援を求めてきた。北魏はこれに援軍を派遣することで、宋の領土であった淮水《わいすい》の北を手に入れた。このことが、北魏の国家体制に変化をもたらした。

これまで胡族が軍事、漢族が農業という民族的分業体制をとっていたが、淮北併合によって、南朝との国境に配備する兵士の大量確保が必要となったのである。均田制には、土地支給による税の徴収のほかに、兵役負担者を確保する目的もあったと佐川氏は指摘する（佐川英治「北魏均田制の目的と展開―奴婢給田を中心として」『史学雑誌』第一一〇篇一号、二〇〇一年）。

方山の永固陵

平城の北二〇キロに方山という台地があり、その台地のうえに大小二つの墳丘がある。台地の南側にある大きい墳丘が文明太后の陵墓の永固陵《えいこりょう》。小さい墳丘は孝文帝の陵墓になるはずだった寿陵《じゅりょう》。だが、孝文帝は洛陽に陵墓を築いたため、寿陵は空っぽである。方山は、生前に文明太后が孝文帝とおとずれ、自分の墓の予定地とした。

それまでの北魏皇帝の陵墓は金陵《きんりょう》と呼ばれ、雲中に築かれたが、墳丘はなかった。文明太后の永固陵は高さ二二メートル、直径九〇メートルで、平城からも見えるほど巨大だった。方山のふもとには、文明太后の霊魂を供養する思遠寺《しおんじ》が建てられ、その遺構は現在も残っている。洛陽に築かれた孝文帝以降の皇帝の陵墓は、すべて巨大な墳丘をもつようになった。その意味で、永固陵の影響は大きい。

二聖の統治

四八一年、文明太后と孝文帝は太行山脈《たいこうさんみゃく》を越えて中山《ちゅうざん》（河北省定州市《ていしゅうし》）に行幸した。このとき二人は五重の塔を建設した。一九六六年、塔の基壇下に埋納された舎利石函《しゃりせっかん》が発見され、ササン朝の銀貨四一枚・金・銀・銅・ガラス・瑪瑙《めのう》・水晶などの奉納品が出土した。石函の蓋《ふた》には、塔を建設したときの経緯が刻まれていたが、そこに「二聖」というフレーズが出てくる。「二聖」とは文明太后と孝文帝のことを指し、これ以降、頻繁に使われるようになる。

四八〇年から四八四年まで、孝文帝は毎年のように雲崗石窟に行幸し、文明太后と孝文帝の「二聖」のための石窟が造営されるのを見学している。第九窟と第一〇窟は文明太后と孝文帝の二人のための窟で、二つで一セットの双窟になっている。第一一窟には、四八三年八月三〇日、信徒の男女五四人が、国家の幸福のために窟を開いたことを記す碑文が掲げられているが、同時に皇帝陛下と太皇太后の「二聖」の徳が称えられている。この時期の政治は「二聖」による共同統治であることが示されている。

文明太后の陵墓、永固陵。山西省大同の北20キロの方山にある。著者撮影

2　胡俗消滅？

改革の真の目的

四九〇年、文明太后が死去し、翌年、親政を開始した孝文帝は矢継ぎ早に改革を実行していく。孝文帝の改革は、胡語・胡服の禁止に代表されるように漢化政策と呼ばれるが、胡族を漢族にすることが目的ではない。また胡語・胡服の禁止は改革の一部であり、かつ限定的なものであるので、胡語・胡服の禁止ばかりを強調すると改革の本質を見失う。

孝文帝の改革を総括すると、それまでの胡漢二重体制をやめて、中国の皇帝制度による支配体制に一本化するものである。つまり皇帝を頂点として、胡族と漢族とをあわせた社会を構築するのがねらいなのだ。ただし胡族と漢族をあわせるというのは、胡族を漢族にすることではない。胡族の家柄と漢族の家柄とを等しいランク同士であわせ、家柄による社会階層をつくることをさす。したがって胡族は胡族の名家として残ったのである。このことはあとあと意味を持つが、詳しくは第七章でふれる。

胡族の家柄をランク分けしたこと、ここに孝文帝の改革の真の目的がある。それまでの北魏皇帝は、拓跋部の可汗として部族長たちに支えられてきた。その象徴が内朝である。おもに胡族から構成された内朝での合議によって北魏の政治は動いてきた。しかしそれは時に皇帝の思うようにならないこともあった。そのような部族長による合議体制を廃止し、皇帝に権力を集中させることが孝文帝の狙いだったのである。そこで以下に改革の具体的な内容をみていこう。

おもな改革を示すと以下のようになる。


四九一年、廟号《びょうごう》の変更。太祖を平文帝から道武帝に改めた。

四九二年、五徳《ごとく》を土徳から水徳に変更。爵制の改革。将軍号の世襲の禁止。内朝の廃止。

四九三年、後宮の改革。金人鋳造儀礼の廃止。洛陽遷都の決定。

四九四年、西郊祭天の廃止。胡服の禁止。

四九五年、姓族詳定《せいぞくしょうてい》。胡語の禁止。代人《だいじん》を河南洛陽人《かなんらくようじん》とし、北の地への埋葬を禁止。

四九六年、胡姓を漢姓に改める。

廟号・爵制・将軍号の世襲禁止

これらの改革は一連のもので、道武帝の子孫と、代国時代の君主の子孫とを区別することがねらいだった。廟号の変更により、太祖すなわち「初代皇帝」を平文帝から道武帝へと改め、さらに爵制の改革によって、太祖道武帝の子孫だけが王となり、それ以外のこれまで王だったものは公に降格した。また公は侯に、侯は伯に順次格下げとなった。ただし子と男はそのままとした。

これまでは、父の爵位と将軍号は父の死後に子供が世襲することが認められていた。爵位は社会的身分を表し、将軍号は政界での官位を表すもので、父が出世すれば、子は何もせずともその地位を継承することができた。例えば、陸叡《りくえい》は父の死後、一〇歳で撫軍将軍（従一品下）・平原王を継承している。孝文帝は、このような慣習を禁止することで、道武帝の子孫とそれ以外との差を明らかにしようとした。つまり道武帝の直系子孫が、代国君主の子孫と他の部族長の子孫より上位にくるような体制を構築したのである。

南朝への対峙と五徳の変更

五徳とは、中国の王朝がそれぞれもっている五行（第一章を参照）を指す。そして王朝交替を五行《ごぎょう》相生《そうしょう》（木→火→土→金→水）で説明するのを五徳終始説《ごとくしゅうしせつ》という。

北魏は三国魏（土）の建国と同時に天命を受けた王朝であり、さらに西晋（金）→後趙（水）→前燕（木）→前秦（火）→北魏（土）という五胡十六国の流れも受けているとして、道武帝のとき土徳と定めた。

しかし南朝と対峙した孝文帝は、南朝の正統性を否定する必要にせまられた。そこで西晋・東晋の金徳を引き継いだのは、南朝の宋ではなく北魏であるとして水徳に変更した。さらに五胡十六国を、西晋滅亡から北魏までの間の混乱期とする歴史観を打ち出した。そのため代国は、五胡十六国時代に活動した国家であったにもかかわらず、十六国のなかには含まれなかった。その歴史観を反映するのが北魏の崔鴻《さいこう》『十六国春秋《じゅうろっこくしゅんじゅう》』であることは第二章でのべた。この歴史書は北魏の立場で書かれたため、北魏の前身である代国は十六国から除外された。

北魏は対峙する江南の漢族王朝を絶えず意識しており、東晋と対峙していたときには、東晋の正統性を否定するために土徳を称し、東晋が滅亡して宋に代わると、今度は宋以降の南朝の正統性を否定するために水徳を称した。

魏（土）→晋（金）→北魏（水）→北周（木）→隋（火）→唐（土）　北朝
　　　　　　　　　→宋（水）→斉（木）→梁（火）→陳（土）　南朝

洛陽遷都

四九三年八月、孝文帝は突然、南朝を討伐するとして一〇〇万の軍隊を率いて平城を出発し、九月に洛陽に入った。冷たい雨の降るなか、さらなる南下の命を出すが、臣下たちが中止を求めて馬前に並んだ。孝文帝はこのまま何もせずに平城に戻るわけにはいかない。南朝を討たないなら、洛陽に遷都する。賛成するものは右に並べと言って、臣下たちは右に並んだ。こうして洛陽への遷都が決定された。

　この遷都決定は、孝文帝によって仕組まれたものだった。平城には遷都に反対する胡族を残し、遷都に賛成するものを選んで洛陽に連れていったうえで、遷都を決定するというしたたかさ。さらに平城での反乱を警戒して、南朝を討つという名目で軍隊を招集し、それらを自分の弟たちに率いさせるという万全の態勢をとった。

　孝文帝は、北方の地である平城は中華の地を支配するには不適当であり、中華の中心である洛陽こそが、北魏の首都にふさわしいと考えるようになっていた。洛陽に都をおくことで、真の中華王朝であることを、南朝および周辺諸国に対して示そうと考えた。

　孝文帝の洛陽遷都に対して、皇太子恂《じゅん》を抱き込んだ胡族による反乱が平城で起きたが、すぐに鎮圧された。孝文帝は、洛陽に移住した者が北方の地に戻ることがないよう、洛陽で死んだ場合、北の故郷に埋葬することを禁止した。こうして孝文帝をはじめとする洛陽移住者の墓地が、洛陽の北側の邙《ぼう》山《ざん》一帯に築かれた。しかしながら、胡族のなかには洛陽への移住に不満をもつものもいたため、孝文帝は妥協策として、冬は洛陽、夏は北にいることを許した。こうした季節移動する胡族を「雁臣《がんしん》」と呼んだ。

胡語・胡服・胡姓の廃止

内朝の廃止、西郊祭天の廃止、胡語・胡服の禁止、胡姓の漢姓への変更は一見すると、これまでの胡俗の放棄と漢族への同化というようにみえるが、実際の状況をもとに理解する必要がある。

胡語の禁止は、「北俗の語をもって朝廷で言うを得ず。違反者はいまの官職を罷免する」というもので、北俗の語すなわち拓跋部の言語をふくめ遊牧民の言語はすべて、朝廷で使用するのを禁止した。ただし三〇歳以上のものは免除された。ポイントは朝廷での使用を禁止したことにある。

胡語に関して、『隋書』経籍志《けいせきし》に以下のような話がある。

北魏が中原一帯を手中におさめた当初、軍事や布令はすべて夷人の言葉で行われていた。それがのちになって中国の風俗に染まってしまうと、彼らのなかでもあまり理解されなくなったため、自分たちのもともとの言葉を記録し、代々伝えて教育学習した。それが「国語《こくご》」といわれるものである。

華北に暮らすうちに拓跋部の人々は徐々に胡語を忘れていった。そこで自分たちの言葉（胡語）を「国語」として記録し教育学習していったという。これは清朝の満洲族に対する満洲語の教育・学習と似ている。なお『魏書』では拓跋部の言語を鮮卑語とは書いていない。鮮卑語という表現が登場するのは、北斉・北周からである。唐の顔師古は『漢書』の注に「匈奴では天を祁連《きれん》と言う。いまの鮮卑語もなお然り」と書いている。鮮卑語でも天をキレンといったようであるが、これは匈奴の言葉が転用されたものであろう。匈奴語と鮮卑語が同じ言語なのかは不明である。

孝文帝は侯伏侯可悉陵《こうふくこうかしつりょう》（侯伏侯が姓）に命じて『国語孝経《こうきょう》』を作らせた。この書は「身体髪膚《しんたいはっぷ》これを父母にうく。あえて毀傷《きしょう》せざるは孝《こう》のはじめなり」のフレーズで有名な儒教の経典『孝経』を胡語に訳したものである。儒教の「孝」の精神を胡語にして、拓跋部の人々に教育しようとしたことがわかる。孝文帝が儒教の孝の精神を重視したことはその諡《おくりな》にもあらわれている。

胡語の禁止とは、朝廷での使用言語を漢語（河洛音《からくおん》という洛陽方言）に統一したのであり、北魏における胡語の全面的禁止をいうのではない。

服装については、官僚と後宮の女性の冠《かんむり》と服装を中国の古典にそったものに改め、胡服を着るのを禁止した。そもそも胡服とは、遊牧民の生活に適した服装で、男性は耳まで覆うフェルトの帽子、袖口のすぼまった上着とズボン、女性はスカート。孝文帝の改革後の衣服制度がどのようになっていたか、詳細は不明だが、『隋書』輿服志《よふくし》によれば、隋の官僚には常服《じょうふく》・公服《こうふく》・朝服《ちょうふく》・祭服《さいふく》の四種類があり、また官位に応じて冠・簪《かんざし》・衫《せん》（ひとえ）・袍《ほう》（上着）・靴・帯に材質や色の違いがあるなど非常に細かく決められていた。おそらく北魏の制度もこれに似たものであったと考えられる。ただ、これらはいわば官僚・后妃の制服であって、北魏の国民すべてに胡服着用を禁止したものではないし、軍隊は当然、騎乗に適した胡服を着用した。

胡姓については、洛陽遷都にともなって洛陽に移住した胡族に対して姓を賜うという形式をとったようである。すなわち、孝文帝に従う胡族に対する優遇措置の意味合いが強い。逆に北方に残った胡族は依然として胡姓を名乗った。洛陽に移住した胡族と北方に残った胡族との間に名前のうえでも違いが生じた。

胡族名と漢字名

胡族の人々は、所属する部族の名称＋個人の名前をもっていた。例えば、道武帝は拓跋《たくばつ》（部族名）＋渉圭《しょうけい》（個人名）という具合である。一方で、道武帝には珪《けい》という漢字一字の名前がある。『魏書』では珪と漢字名で書かれて、本来の胡族名である渉圭は、かえって南朝側の史料に字（あざな）として登場する。同様の例として、太武帝の長子の晃《こう》（景穆太子）は字《あざな》が天真《てんしん》となっている。すると景穆太子は拓跋（姓）＋晃（名）、天真（字）ということになる。しかし、この字《あざな》はもとの胡族名にあたると考えられている。

胡族の名前の漢字名は明らかに漢族らしく見せるためのものであるが、胡族はいつから漢字名を使用していたのだろうか。『魏書』古弼《こひつ》伝に興味深い話がのっている。

古弼は代人なり。若い頃から慎み深く、読書を好み、騎射も上手かった。はじめ猟郎《りょうろう》（内朝の官職）となり、使者として長安にいき、立派に職務を果たしたため、門下奏事《もんかそうじ》（皇帝の命令を書く官職）にうつり、勤勉であることでほめられた。明元帝は彼を讃《たた》えて「筆《ひつ》」という名を賜った。まっすぐで有用であることによる。のちに名を「弼《ひつ》」と改めた。それは補佐の人材であることによる。

古弼はもと吐奚愛弼《とけいあいひつ》という胡族名であったが、明元帝から「筆」ついで「弼」という漢字名をもらっている。筆・弼ともにヒツという音で、本来の名の愛弼のヒツを残しつつ、まっすぐで有用である意味から筆、ついで補佐を意味する弼と発音を同じくする漢字名をもらっている。

このように、胡族のなかには皇帝から漢字名をもらう者がいる。『魏書』に掲載されている胡族のうち、孝文帝以前の胡族も胡族名のほかに漢字名をもっている人がいる。おそらく彼ら胡族は、中国で活動する際の別名として漢字名を称し、本来の胡族名を字《あざな》として残したのであろう。阿倍仲麻呂《あべのなかまろ》が唐では朝衡《ちょうこう》（晁衡《ちょうこう》）と名乗り、ソグド人のロクシャンが、唐では安禄山《あんろくざん》と名乗ったりするのと同じ、いわば中国で使用する名が漢字名なのだ。

胡族宿老のなげき

孝文帝の改革に対して、胡族たちはどのように思っていたのだろうか。なかには、どうしても漢化になじめない古老もいた。そのうちの一人、元丕《げんひ》の例をみてみよう。

元丕は胡族の風習を愛し、新しい様式になじめなかった。旧俗を変更し、洛陽に移住し、官僚の制服を改め、胡語を禁止するなど、みな願わないことだった。孝文帝はそのことを知って、無理強いはせず、改革の理念を示して、意見の相違がないようにつとめた。衣冠が改められ、朱服《しゅふく》（公服）で並ぶようになったが、元丕は常服（普段着の胡服）で隅っこに座っていた。

晩年ようやく冠と帯をつけるようになったが正装はしなかった。孝文帝は元丕が重臣であることから強制しなかった。しかし、道武帝の子孫でない者とその他の王が公に降格された時に、道武帝の子孫ではない元丕は公となり、領地も少なくなったため、不快に思っていた。

元丕は代国の烈帝《れつてい》の子孫で、四二〇年に生まれ、太武帝のときに羽林中郎《うりんちゅうろう》（親衛隊長）に任命され、五〇三年に八二歳で死去するまで、五人の皇帝に仕えた。孝文帝の改革には反対の立場で、彼の息子たちは皇太子恂《じゅん》をかついで反乱をおこし処刑された。元丕は計画に関与していなかったことから処刑は免れたが、官職と爵位を剝奪されて庶民とされた。

姓族詳定が生む「家柄」

姓族詳定または姓族分定と呼ばれる政策は、胡族の家と漢族の家をランク分けするものである。胡族の家柄は、建国以来の功臣である八姓《はっせい》（穆《ぼく》・陸《りく》・賀《が》・劉《りゅう》・楼《ろう》・于《う》・嵆《けい》・尉《うつ》）を筆頭に、部族長の子孫かどうか、さらにこれまでの官職や爵位などがどうだったかを勘案して五つに区分された。

一方、漢族は盧氏《ろし》・崔氏《さいし》・鄭氏《ていし》・李氏《りし》（四姓《しせい》）を筆頭とし、官職などをもとに五つに区分した。そのうえで胡族と漢族をあわせて、同じランクでの通婚を奨励した。

	1	2	3	4	5	ランク外
鮮卑	拓跋氏・八姓	姓	族	姓の傍系	族の傍系	庶姓
漢族	四姓(五姓)	甲姓	乙姓	丙姓	丁姓	庶姓

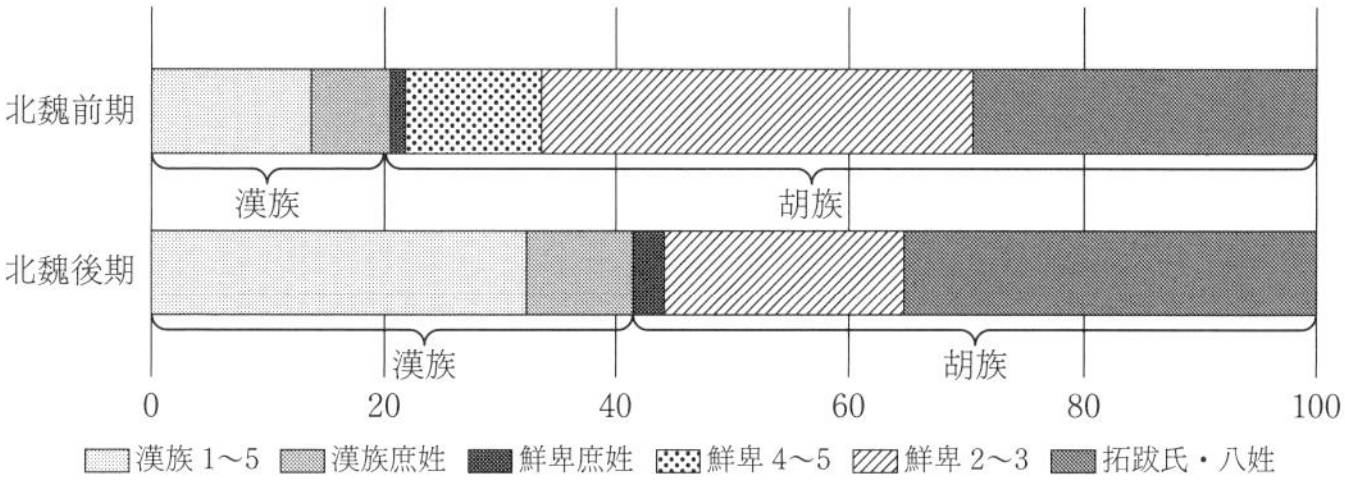

北魏支配者層の変化

孝文帝は胡族と漢族とを統合した社会を築こうとした。それは国家による家柄の序列にもとづく社会、いわゆる貴族制社会を国家の手によって作り上げることを意味する。

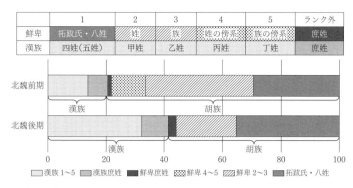

孝文帝の漢化政策とは、それまでの胡漢二重体制を改め、中国の皇帝制度にもとづく国家体制へ一元化するものだった。しかしこれによって北魏がすっかり中華王朝とおなじになったわけではない。制度は中華王朝とおなじものを採用しつつも、運用の面では、これまでの拓跋部による支配体制が続いている。吉岡真「北朝・隋唐支配層の推移」（『岩波講座 世界歴史9』岩波書店、一九九九年）が作成した表をみてほしい。洛陽遷都前の北魏政権の中枢部における胡族と漢族の平均比率は八対二。一方、洛陽遷都後の平均比率は六対四となっている。一見すると、漢族の政界進出が果たされているように見える。しかし重要なポイントは、胡族のなかの減少した部分である。

北魏前期の政権中枢には、拓跋氏・八姓以外の胡族が四割以上を占めていた。一方、後期になると二割と減少する。とくに表にある4・5のランクが、政権の中枢から追い出されている。それに代わって漢族（1〜5）が進出してくる。

このことを吉岡氏は、孝文帝による政治・社会的変換によって、北魏前期の支配者層のなかで、孝文帝に代表される一派が南下して洛陽へと移動し、代人から河南洛陽人になった。これによって、代人は、地域的には南北に分断され、身分的には上下に分断されたと指摘する。

姓族詳定にあたって、胡族の家柄の判定にあたったのが、穆亮《ぼくりょう》・元儼《げんげん》・広陽王嘉《こうようおうか》・陸琇《りくしゅう》ら胡族の有力者であったが、代人たちから不満が続出したため、つぎの宣武帝のとき于忠《うちゅう》・元匡《げんきょう》・穆紹《ぼくしょう》・元萇《げんちょう》ら胡族の有力者に命じて、ふたたび家柄の判定を行わせた。胡族にとってどのランクに位置付けられるのかは、死活問題であった。ランク分けによって出世できるかどうか決まってしまうからである。北魏前期では戦争で手柄を立てれば出世できる道が開かれていた。しかし姓族詳定によって、今後は家柄によってその後の進路がほぼ確定してしまう。下のランクに位置付けられた胡族から不満が出るのも当然である。

なお『隋書』経籍志の譜系《ふけい》には、『後魏弁宗録《こうぎべんそうろく》』、『後魏皇帝宗族譜《こうぎこうていそうぞくふ》』、『魏孝文列姓族牒《ぎこうぶんれつせいぞくちょう》』というものがあるが、これらは孝文帝の姓族詳定にあわせて、北魏の皇帝の一族と胡族の家柄を調べて一覧にしたもの、いわば家柄リストである。

この時期以降、北魏では墓誌の製作が爆発的に増加する。墓誌には、誌題《しだい》（タイトル）、姓名、本籍地、祖先の記録、本人の資質、履歴、死亡年、死亡地、埋葬年月日、埋葬場所が書かれる。ここまでが序にあたる。そのあとに内容を四字句の韻文で書く銘辞がつづく。これが典型的な墓誌のスタイルで、北魏後期に完成した。

北魏後期における墓誌の急増の背景には、北魏政権による一種の奨励があったのではないかと窪添氏は推測している。南朝からの亡命者である王粛《おうしゅく》から、墓誌の情報を聞いた孝文帝は、南朝の墓誌をモデルとしつつ、アレンジを加えて北魏スタイルとして発表した。孝文帝が書いた「馮熙墓誌《ふうきぼし》」が北魏スタイルの先駆けである。これ以降、北魏宗室や胡族たちはこぞって北魏スタイルをまねていく（窪添慶文『北魏史』東方書店、二〇二〇年）。

また墓誌には本籍地や出自が書かれるが、自分を名家の出身であると誰しも書きたいものである。家柄を誇ること、記録し残すこと。この時期に墓誌が急増する背景に、胡族のこのような衝動があり、その衝動を喚起したものこそ、姓族詳定だと私は思う。

後宮改革

中国の歴代王朝は、儒教が理想とする周の制度を再現することが理想国家への近道と考えた。その代表は紀元八年に前漢を倒して新をたてた王莽《おうもう》である。王莽は周の制度をもとに国家制度を整備していったが、あまりに現実離れしていたために破綻した。魏晋南北朝でも周の制度にならう動きがみられる。

北魏でも孝文帝が周の制度を模倣した後宮をつくろうとしている。北魏の後宮は、道武帝が皇帝に即位してからおかれるが、当初は、皇后のほか夫人がおかれた。太武帝期には後宮の階級を増やし、左昭儀《さしょうぎ》・右昭儀《うしょうぎ》・貴人《きじん》・椒房《しゅくぼう》などをおいた。その後、孝文帝期になると左昭儀・右昭儀・三夫人・三嬪《ひん》・六嬪・世婦《せいふ》・御女《ぎょじょ》という形に整備したが、このうち、夫人・嬪・世婦・御女は、周の制度の三夫人、九嬪、二十七世婦、八十一御妻（『礼記《らいき》』）をモデルとしている。しかし完全に周の制度にあわせるのではなく、それまでの北魏の制度のなかに周の制度を組み込んでいる。

なお孝文帝の皇后には、文明太后の兄である馮熙の娘二人が選ばれ、それぞれ相次いで皇后になっているが、この姉妹が金人鋳造で選ばれた様子はない。したがって後宮の制度を改革するのにあわせて、皇后選びの儀礼であった金人鋳造も廃止されたと思われる。

行幸にみる「中華」と「拓跋」

洛陽遷都以降、孝文帝は精力的に行幸している。四九四年二月、平城にいき胡族に対して遷都を説明した。七月、金陵に拝謁したのち、陰山をこえて六鎮《りくちん》をめぐり、永固陵に拝謁して、八月、平城にもどった。一〇月、平城から河北の中山《ちゅうざん》・信都《しんと》を通り、一一月、鄴《ぎょう》にいたった。そこから洛陽へ向かう途中、比干《ひかん》の墓に立ち寄り、その死を悼んで碑を建てた。

一二月、孝文帝は南朝を討つために軍を率いて懸瓠《けんこ》に入り、年明けて四九五年二月、鍾離《しょうり》に至ったところで司徒馮誕《しとふうたん》の死を聞き、軍を返した。四月、彭城《ほうじょう》をへて小沛《しょうはい》にいたり、漢の高祖廟を祭り、ついで瑕丘《かきゅう》で岱岳《だいがく》（泰山）を祭り、魯城《ろじょう》で孔子廟を祭り、五月、洛陽にもどった。

四九七年二月、平城にいき、永固陵と金陵に拝謁し、三月、離石《りせき》をへて平陽《へいよう》に至り、堯《ぎょう》を祭った。四月に龍門《りゅうもん》で禹《う》を祭り、蒲坂《ぼはん》で舜《しゅん》を祭り、堯・舜・禹の廟を修理させた。その後、長安に入り、未央《びおう》宮《きゅう》・阿房宮《あぼうきゅう》・昆明池《こんめいち》を見学したのち、前漢皇帝の陵墓を祭った。さらに周の文王《ぶんおう》と武王《ぶおう》を祭り、華岳《かがく》を祭った。

孝文帝の行幸には二つの側面を見出すことができる。一つは拓跋部の歴代君主との関係である。金陵・永固陵に拝謁したことにその側面がみえる。もう一つは、中華の歴代皇帝との関係である。堯・舜・禹、文王・武王、漢の皇帝たちを祭っていることにその側面が見える。

くわえて比干と孔子を祭っていることにも、孝文帝の目指す国家像がみえる。比干は殷《いん》の紂王《ちゅうおう》の暴虐をいさめて心臓をえぐり出されて殺された忠臣。孔子はいわずと知れた儒教の祖である。堯、舜、禹、文王、武王も儒教で聖人とされる。孝文帝は儒教にそった中華皇帝であることをアピールしているのである。また前漢皇帝の陵墓を祭っているが、ほかに後漢の光武帝・明帝・章帝を祭り、後漢・魏・晋の皇帝の陵墓内で薪を拾うことを禁止している。これらも中華の歴代王朝を継承する立場を示す。ここに胡族が中華を破壊するのではなく、胡族が中華を取り入れるスタンスが垣間見えておもしろい。

3　平城から洛陽へ

平城の発展

道武帝から孝文帝の洛陽遷都まで、平城は北魏の首都であったが、平城には二つの顔をみることができる。一つは、皇帝の都としての顔である。宮殿・太廟・社稷・太学・明堂・孔子廟・円丘などが中華皇帝の都に必要な施設である。なお道武帝が平城を首都としたときに築かれた宮殿は、太武帝以降は史料に姿を見せないことから、天文殿・天華殿など中華風の名称を持つものの、実際には遊牧式

復元されつつある平城時代の明堂。大同市。2011年、著者撮影

テントであった可能性がある。中華皇帝の帝都としての様相を整えるのは太武帝以降のことで、なかでも孝文帝は明堂・辟雍《へきよう》・太極殿などを築き、帝都として本格的に整備している。

一方で、遊牧的な顔ももっている。道武帝は、高車を征服したときに得た家畜を囲い込むため、平城の北側に鹿苑《ろくえん》を設けた。その後、北魏が各地の遊牧民を征服して家畜を獲得すると、まずは鹿苑に運び込み、そののち臣下たちに分配した。

郊天壇は拓跋部の祭天儀礼を行うための場所で、毎年四月に皇帝が后妃・官僚・外国の使節を連れてこの場所で天を祭ることは第三章でふれた。

さらに平城の宮殿の南側に「坊」とよばれる居住区が設置されたことは、その後の中国における首都の設計に重大な影響を及ぼすことになる。坊とは壁に囲まれた居住区のことで、坊の出入り口には門が設置された。平城の坊には四、五百家を収容できる大坊と、六、七十家を収容できる小坊とがあった。平城には各地から様々な人が集まっており、そうした住民を管理するためにはじめられたのが坊という居住区であるとされる。北魏前期に築かれた鹿苑・坊・畿上塞囲は、みな囲い込むという発想において共通しているが、これは都市を城壁で囲んだり、万里の長城を築いて国家全体を囲い込むといった中華の発想を導入したものか、あるいは家畜を囲い込むという遊牧の発想だろうか。

また『南斉書』魏虜伝によると、皇后が飲食する建物を「阿真厨《あしんちゅう》」とよんでいる。太華殿などの中華風の名前の建物と阿真厨という胡風の建物があったようだ。二〇〇三年、大同市街の北側にある操《そう》場城《じょうじょう》から、北魏時代の建築遺構が発見された。そこから「大代萬歳《だいだいばんさい》」の文字瓦も見つかった。これまで北魏平城がどこにあったのか明確なことはわからなかったが、この遺構の発見により、現在の大同市街（明代の大同府《だいどうふ》。現在城壁が復元されている）の北側に、北魏平城の宮殿区があったことが確認された。また現在、北魏の明堂遺跡の場所に明堂が復元されている。

頭はどっち向き？

大同市の南三キロの御河《ぎょが》と十里河《じゅうりが》に挟まれた張女墳《ちょうじょふん》と呼ばれる一帯で、一九八八年、一六七基の古墓群が発掘され、その調査報告書が『大同南郊北魏墓群』（科学出版社、二〇〇六年）として刊行された。報告書ではこの墓群は五つの時期に分類されている。1期は代国時期。2期は道武帝期。3期は太武帝の華北統一から孝文帝の初期。4期は孝文帝の初期から洛陽遷都まで。5期は洛陽遷都後。

墓群が平城のすぐ南にあること、四世紀から五世紀につくられたこと、墓に納められている物品、これらを総合的に判断すると、この墓群の埋葬者は、拓跋部あるいはそれに参加した遊牧民および、平城に移住した漢族などであったと推測される。

私がこの古墓群で気になったのは、埋葬者の頭の向きである。

1期（代国時期）　西向き六六％　南向きなし
2期（道武帝期）　西向き六四％　南向き一一％　東向き五％　北向き二％
3期（太武帝〜孝文帝初期）　西向き四九％　南向き二二％　東向き一三％　北向き三％
4期（孝文帝洛陽遷都前）　西向き四八％　南向き三四％　東向き二％　北向き四％
5期（洛陽遷都後）　西向き三三％　南向き三三％

このことから以下のことが読み取れる。
・時期を通して西向きが高い割合を占めている。
・南向きが徐々に増加している。
これに墓の中に動物を一緒に埋葬（殉牲）しているかどうかのデータを加えてみると、

東向き一三基のうち九基に殉牲あり（六九％）　内訳は牛一、馬三、動物五
西向き八四基のうち四一基に殉牲あり（四九％）　内訳は牛一〇、羊八、馬一、犬二、禽一、動物二七
南向き三四基のうち一二基に殉牲あり（三五％）　内訳は牛三、羊一、動物九
北向き四基のうち三基に殉牲あり（七五％）　内訳は羊一・禽一・動物二

東向きと北向きは墓の数は少ないが、高い割合で殉牲がみられる。東向きの殉牲動物は馬が多い。北向きは羊一、禽一。西向きは約半数の墓で殉牲がみられ、殉牲の種類は牛が多く、次いで羊。馬、

犬もわずかにいる。南向きは牛が三、羊が一となっている。

内モンゴル各地で発見されている遊牧民の墓は、頭の方向が北・東・西北がおもで、南はほぼない。また殉牲動物としては、馬・牛・羊が多く、犬も見られる。よって大同南郊墓は、拓跋部に属する遊牧民の墓であると考えてよさそうである。なお南向きは漢族に多い埋葬方法であり、漢族にも牛などを埋葬する例があるから、南向きは漢族の墓と考えていいだろう。

これらは何を意味するのか。私は次のように考える。ここに埋葬された人々は、それぞれ自分たちの文化を維持している。この墓群に見られる頭の方角の違いは、そのまま文化集団の違いを反映しているのではないか。そして西向きに埋葬する人たちは、西を向いて天を拝する習俗を持っている拓跋部の人たちなのではなかろうか。なお私にとってこの研究は手をつけはじめたところで、明確な結論を出すにはいたっていない。匈奴や鮮卑の墓とされているものを総合的に調査して傾向を分析しなければ、はっきりした答えは出せないので、これは現時点での試論と思っていただきたい。なお頭の方向と殉牲の分析によって、拓跋部がどこから来たのかを明らかにできるのではないかと考えている。

洛陽の建設

四九三年、孝文帝は洛陽に遷都することを決定した。そして首都洛陽の建設がはじまる。平城は中華の帝都の顔と遊牧の都の顔の二つがあったが、洛陽はどのような顔をもっているのであろうか。平城の持っていた顔は引き継がれたのだろうか。

洛陽市街地から東に二〇キロ、白馬寺《はくばじ》をこえた先のトウモロコシ畑が広がるなか、かすかに城壁が

洛陽郊外に残る北魏時代の城壁。2008年、著者撮影

見える。漢魏《かんぎ》洛陽古城《らくようこじょう》である。この場所に都市が築かれたのは、紀元前一一世紀、西周はじめのこと。のち後漢・三国魏・西晋では首都がおかれた。後漢・魏・晋の洛陽は、南北九里（約三・七キロ）、東西六里（約二・五キロ）の広さから「九六城」と呼ばれる。

　後漢の洛陽は北宮と南宮の二つの宮殿があった。それが北魏の洛陽では北宮の一つになっている。いつ宮殿が一つになったのか。三国魏からという説と、北魏からという説に分かれており、現在も決着していない。ただ確実なことは、北魏ではすでに一つだったことで、宮殿が首都の北側に置かれるという構造は、隋唐の長安に継承される。さらに唐の長安は東アジアの首都のモデルとして、日本の平城京や平安京にも影響をあたえている。

　孝文帝のとき、洛陽の建設がはじまり、宮城には太和廟《たいわびょう》・金墉宮《きんようきゅう》・光極堂《こうきょくどう》・華林園《かりんえん》など宮殿や庭園がつくられ、郊外の委粟山《いぞくざん》には円丘（天を祭る場所）、河陰《かいん》には方沢《ほうたく》（地を祭る場所）が築かれた。

　なお四九五年一一月、孝文帝は委粟山の円丘にて天を祭る儀礼を行っている。これは一見すると中華皇帝としての南郊祭天を意味するようだが、佐川氏（二〇一六）によると、円丘で祭られた天とは、遊牧民の崇拝する天であったという。孝文帝は儒教的な祭祀を採用しつつも、運用の面では遊牧

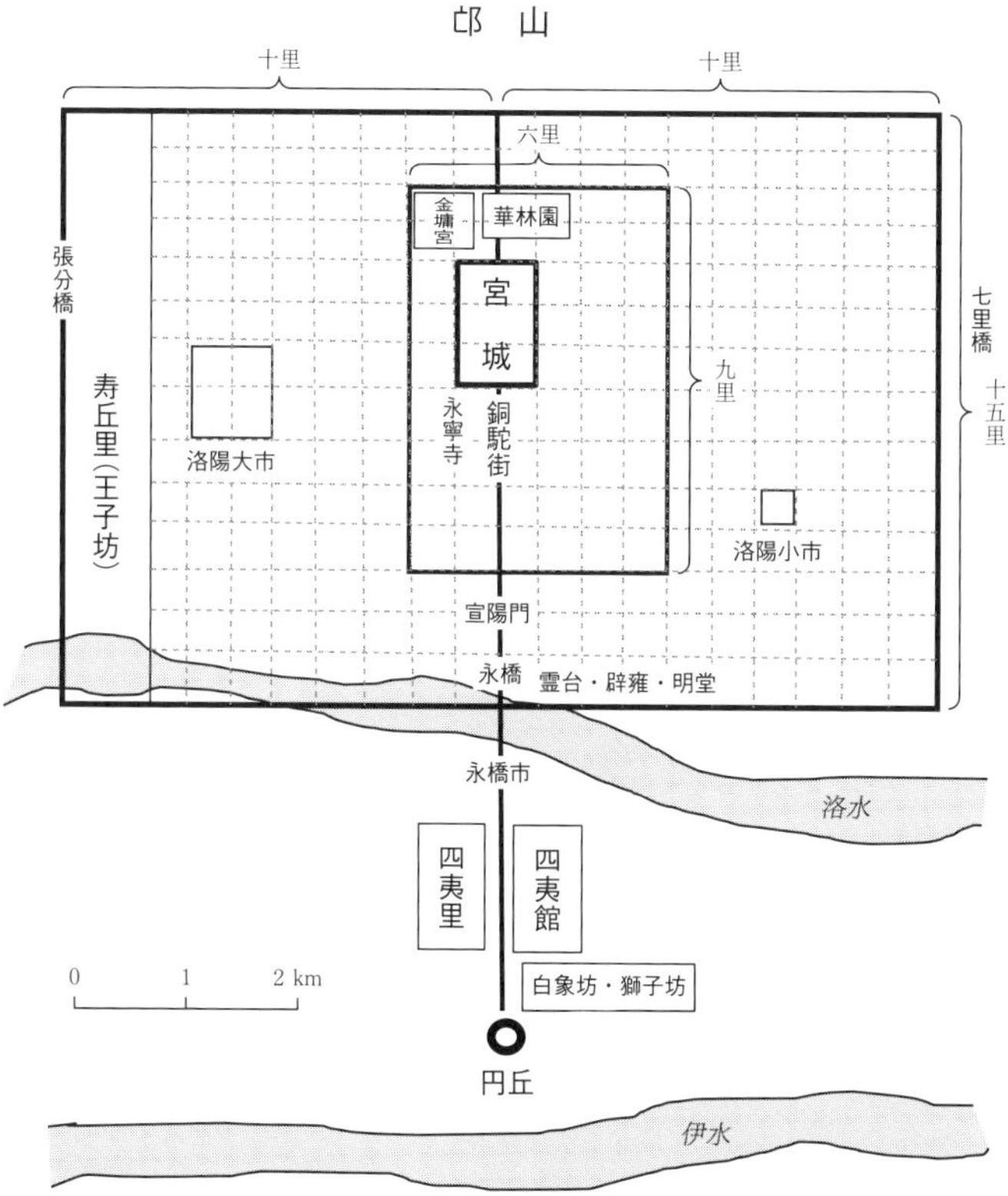
邙　山
十里
十里
六里
金墉宮
華林園
宮
城
張分橋
七里橋
九里
十五里
寿丘里（王子坊）
洛陽大市
永寧寺
銅駝街
洛陽小市
宣陽門
永橋
霊台・辟雍・明堂
永橋市
洛水
四夷里
四夷館
0
1
2 km
白象坊・獅子坊
円丘
伊水

洛陽復元図

的伝統を維持していた。

坊の建設

五〇一年、宣武帝のとき畿内に住む男子五万人を徴発して、三二三の坊を築いたと『魏書』世宗紀に書かれている。この坊は平城に築かれたものを踏襲したものである。ただし洛陽に築かれた坊の数については史料により相違がある。『魏書』広陽王嘉伝《こうようおうか》には、洛陽の四面に三二〇の坊を築き、坊の周囲は一二〇〇歩（一辺の長さ三〇〇歩＝一里、一里は約五〇〇メートル）とある。一方、『洛陽伽藍記《らくようがらんき》』には、洛陽は東西二〇里（約一〇キロ）、南北一五里（約七・五キロ）と書かれている。これによれば二〇×一五＝三〇〇坊となる。世宗紀では三二三坊、広陽王嘉伝では三二〇坊となり、『洛陽伽藍記』の三〇〇坊より多くなる。この多い二三坊または二〇坊はどこに築かれたのか。

中国考古学者の宿白《しゅくはく》氏は、宣陽門より南の洛水と伊水の間に東西四里、南北五里の二〇坊があったとする。ここには四夷館《しいかん》・四夷里《しいり》があり、北魏に帰順した外国人が居住した。さらにここには白象坊《はくぞうぼう》と獅子坊《ししぼう》の二つがあったと『洛陽伽藍記』にあるので、これらを合計すると三二二坊となる。北魏洛陽の復元図はたくさんあるが、研究者はみなこれら坊の数や位置をどのように配置するかで頭を悩ましている。

南北中心軸

洛陽の宮城内にある正殿を太極殿《たいきょくでん》という。太極殿とは、三国魏の明帝がつくった天子の正殿の名前で、太極とは万物の根源を意味する。その太極殿からまっすぐ南に進んだ先に閶闔門《しょうこうもん》という正門がある。現在ここの発掘調査が行われている。閶闔門の北側が宮城にあたる。閶闔門の南から宣陽門《せんようもん》まで銅駝街《どうだがい》がつづく。銅駝街の名前の由来は、西晋のときラクダの銅像がおかれていたことにちなむ。その後、後趙《こうちょう》の石虎《せきこ》によってラクダの銅像は鄴《ぎょう》に持ち去られたので、北魏の銅駝街にはない。北魏の銅駝街は官庁が立ちならんでいた。

宣陽門までが魏晋の「九六城」にあたり、宣陽門から外側が宣武帝期に増設された居住区（外郭）である。宣陽門と円丘（天を祭る場所）をむすぶラインを中心に、東西に一〇里ずつ配置された。「九六城」内の宮殿区はもともと西側に少しずれており、太極殿は「九六城」の中央にはない。一方で外郭は太極殿が中央にくるように東西一〇里ずつ配置された（佐川二〇一六）。

なお平城では南北中心軸は意識されていない。南北中心軸とそれを挟んで左右対称の構造は北魏洛陽にはじまり、坊とともに隋唐の長安に継承される。さらに渤海や朝鮮、日本の都市プランにも影響を与えた。

龍門石窟の造営

ユネスコ世界遺産に指定されている仏教遺跡、龍門石窟《りゅうもんせっくつ》は雲崗石窟、敦煌石窟とならぶ中国三大石窟の一つで、孝文帝の洛陽遷都前後に開鑿がはじまり、隋・唐・宋まで約二〇〇〇窟が開かれた。北魏期のものは賓陽洞《ひんようどう》・古陽洞《こようどう》・蓮華洞《れんげどう》の三つ。古陽洞は孝文帝の洛陽遷都前に開かれたとされ、窟内の壁にはこの窟を開いた経緯が刻まれている。その文は「龍門二十品」という北魏書体を代表する逸

龍門石窟・賓陽洞中洞の釈迦如来坐像

品の一つに数えられている。

賓陽洞中洞は、宣武帝が父の孝文帝と母の高氏のために開いたと言われている。如来坐像《にょらいざぞう》の服装は褒衣博帯式《ほういはくたいしき》といって、孝文帝の衣服改革で採用された漢族の服装を反映したものと考えられている。また如来像の微笑は、朝鮮や日本に伝えられ、飛鳥時代の仏像にその影響をみることができる。蓮華洞は孝明帝の孝昌三年（五二七年）頃に開かれ、洞頂に大蓮華の彫刻があるのがその名の由来である。

龍門石窟のほかに、北魏後期には洛陽周辺に九つの石窟が開かれたが、鞏県石窟《きょうけんせっくつ》をのぞいてほとんどは忘れ去られており、保存状態もよくない（塩沢裕仁『千年帝都 洛陽』雄山閣、二〇一〇年）。

なお龍門石窟を代表する奉先寺洞《ほうせんじどう》の盧舎那仏《るしゃなぶつ》は則天武后の姿を模したといわれ、唐の高宗の六七二年に開鑿がはじまり、六七五年に完成した。

埋葬の地、邙山

洛陽に移住してきた代人は、死後この地に埋葬された。邙山《ぼうざん》は東西一〇〇キロの長さをもつ丘陵で風水的に墓をおくにふさわしい場所とされた。孝文帝の長陵《ちょうりょう》・宣武帝の景陵《けいりょう》・孝明帝の定陵《ていりょう》も邙山に築かれた。邙山では皇帝の陵墓を中心に、宗室・官僚の墓がその周辺につくられた。邙山一帯で発見された北魏墓は、景陵のようにレンガを使用した磚室墓《せんしつぼ》で、墓道も頭の向きも南向きである。このことから、北魏の宗室は漢族の墓葬を取り入れていることがわかる。

なお中華民国以降、邙山一帯の墓が盗掘され、およそ五〇〇〇枚の歴代墓誌が出土した。かりに平均一〇基の墓から一枚の墓誌がみつかったとすると、盗掘にあった墓は五万基におよぶ。それぞれの墓から平均一〇点の文物が発見されたとすると、五〇万点が盗掘されたことになる。しかもその九五パーセントが海外に流出したというから驚きである（氣賀澤保規編著『復刻　洛陽出土石刻時地記』汲古書院、二〇〇二年）。

現在、宣武帝の景陵は、洛陽古墓博物館にあって、陵墓のなかに入ることができる。墓の入り口から急な墓道を下ると、丸い天井の墓室にいたり、薄暗いなかに石棺がおかれている。

孝文帝の陵墓、長陵。河南省洛陽市。2008年、著者撮影

官営の軍馬牧場

孝文帝のとき都牧給事《とぼくきゅうじ》という官営牧場の管理官だった宇文福《うぶんふく》は、洛陽遷都にあたり官営牧場の移設を任された。かれは洛陽の北、黄河をはさんで南北一〇〇〇里の地を官営牧場とし、平城から馬や家畜をここに移した。洛陽遷都後も軍馬は北魏にとって重要であった。太武帝は五胡十六国の夏《か》と北涼《ほくりょう》を平定した

のち、河西《かせい》（甘粛省）に官営牧場をおいた。馬は二〇〇万匹、ラクダは一〇〇万匹、牛や羊は数えきれないという繁栄ぶり。洛陽遷都後も、この河西の牧場から毎年、河南の牧場に家畜が輸送され、軍馬一〇万匹が常時いたという。

北魏前期の首都平城は、遊牧民である拓跋部が最初に築いた都市である。道武帝が皇帝に即位したことから、中華皇帝に必要な宮殿や宗廟などが建てられた。その一方で、遊牧生活に必要な施設として、鹿苑や郊天壇なども築かれた。また多様な住民を管理するための居住区として坊が築かれた。太武帝期には道教の施設、文成帝期以降には仏教寺院も建てられた。

一方、北魏後期の首都洛陽は、中華王朝の首都という側面を強め、皇帝祭祀である南郊祭天をおこなう円丘と皇帝の正殿である太極殿とを結ぶ南北中心軸が意識された。その一方で、平城にはじまる坊（里）が継承されるなど、それまでの中華王朝の首都にはない新たな側面が盛り込まれた。洛陽の北側に官営の軍馬牧場が設置されたことも、洛陽が遊牧王朝の首都であることを示している。

くわえて、『洛陽伽藍記』に描かれるように、北魏洛陽は仏教都市として大いに発展した。北魏洛陽はどんな雰囲気なのか、次章で確かめてみよう。

第六章

胡漢融合への模索

繁栄と分裂

龍門石窟の蓮華洞。河南省洛陽市。
写真提供・ユニフォトプレス

孝文帝の治世で繁栄期をむかえた北魏だったが、孝文帝が没して六世紀に入ると、たちまち不穏な空気が漂いはじめる。世界史教科書では、孝文帝の漢化政策に反対した北辺の民が起こした「六鎮《りくちん》の乱」が、北魏滅亡の原因となったと書かれている。北辺の民はなぜ反乱を起こすに至ったのか。漢化政策は辺境にどんな軋轢を生んでいったのだろうか。

またこの反乱のなかから、次代を切り開く英雄が登場する。北斉の高氏・北周の宇文氏・隋の楊氏・唐の李氏は、もと六鎮の民である。次代の英雄を生み出した六鎮とは、どのような世界なのか。最新の研究方法も交えながらせまってみたい。

1　洛陽へタイムスリップ

まず、孝文帝が建設した都、洛陽のにぎわいをみておきたい。近頃のライトノベルや漫画のタイトル、「転生したら〇〇だった件」にならって、北魏の洛陽にきた西域敦煌の僧侶宝公《ほうこう》という設定で、洛陽を歩いてみよう。ちなみに宝公は、過去・現在・未来の三世を見通す力をもった人物で『洛陽伽藍記《らくようがらんき》』巻四に登場するが、どこの出身かわからないという。そこでとりあえず西域の敦煌出身の僧侶ということで転生しよう。

「転生したら洛陽だった件」

河西《かせい》の沙漠をこえてきたものにとって、洛陽の穏やかな気候はほっとする。昨日は龍門の石窟を見学した。敦煌にも石窟はあるが、あそこの仏像は彩色鮮やかな粘土製の塑像《そぞう》だ。一方、龍門の石像は落ち着いた雰囲気があって、これもまたいい。龍門は伊水《いすい》が洛陽盆地にでる伊闕《いけつ》に開かれている。そこから伊水にそって下り、緑の木々のあいだをぬけると、円い壇が見えてきた。ここは大魏の皇帝が天を祭る円丘である。そこから北へ進むと、東に白象坊と獅子坊がある。ガンダーラの国王から贈られた白象がいるという。かつては城内で飼われていたが、壁や建物を壊して逃げ出し、城内の人々を驚かすというので、霊太后がここに移したと聞く。獅子はササン朝ペルシアから献上され、途中で賊に奪われたが、この頃、ようやく到着したそうだ。

さらに先に進むと、東に四夷館、西に四夷里がある。ここは大魏に帰順した異国人が暮らすところだ。それぞれ方角に従って名前がつけられている。江南からの帰順者は東の金陵館《きんりょうかん》にすみ、三年たつと西の帰正里《きせいり》に邸宅をもらう。同様に、北方の帰順者は燕然館《えんねんかん》から帰徳里《きとくり》、東方の帰順者は扶桑館《ふそうかん》から慕化里《ぼかり》、西方の帰順者は崦嵫館《えんじかん》から慕義里《ぼぎり》という具合である。なお北方柔然の部族長の子弟は、洛陽の暑さがこたえるので、秋にきて春に帰るのを許した。洛陽の人々はこれを雁臣《がんしん》と呼ぶ。渡り鳥のように季節移動するからそのように言ったのである。

異国人居住区をこえた先に市場がある。四通市《しつういち》または永橋市《えいきょういち》と呼ばれている。ここには伊水・洛水でとれた魚が売られているが、これがたいそう美味で、なんでも洛水の鯉《こい》と伊水の魴《ぼう》は、牛や羊より上等だそうだ。そういえば、南朝から亡命してきた王粛《おうしゅく》について、こんな話を聞いたことがある。彼は、帰順した当初は羊の肉や牛乳は口にせず、茶ばかり飲んでいた。数年後、宴会の席で羊の肉や牛乳粥をたくさん食べた。それをいぶかった孝文帝は、中国の食べ物と比べて羊の肉や牛乳はどうかとたずねると、王粛は、羊も魚も最高ですが、牛乳は茶には及びませんと答えたという。まったく南朝の貴族らしい。

洛水にかかる浮き橋の永橋をわたると、後漢のときにつくられた霊台《れいだい》（天文台）と辟雍《へきよう》（大学）の遺跡がある。その先には四角の建物に円い屋根がかかっているのが見える。これは明堂《めいどう》という建物のようだ。平城にも同じものがあったそうだ。

永橋から北へ道を進むと、大きな城門が見えてきた。宣陽門《せんようもん》と書いてある。この門をくぐると、かつて九六城とよばれた魏晋の洛陽の城内である。宣陽門からまっすぐ北にむかい、突きあたったところに宮城の正門にあたる閶闔門《しょうこうもん》があって、その先は宮城すなわち大魏皇帝の住まいする宮殿となる。

この御道は晋のころ銅駝街《どうだがい》と呼ばれたが、ここにラクダの銅像があったことに由来する。ただラクダの銅像は、あの羯族《けつぞく》の石虎《せきこ》が鄴《ぎょう》に持ち去ったので、いまはない。銅駝街の左右には役所が立ち並んでいる。その役所のなかに、ひときわ高い仏塔がそびえている。洛陽随一の高さをほこる永寧寺《えいねいじ》の九重の塔である。高さは九〇丈（約二〇〇メートル）というが、さすがに誇張であろう。見たところその半分くらいだろうか。だが都の外からもその姿が見えたから、やはり高い。そこでひとつ、この塔にのぼって洛陽を一望するとしよう。

塔のうえから見下ろすと、都全体は蜂の巣のようだ。碁盤の目のように区切られた四角い空間がいくつもみえる。これは坊とか里とかいうらしい。一里四方のまわりをぐるりと壁が囲んだなかに寺院や邸宅があり、出入り口は通りに面した門だけ。これが三〇〇以上もあるのだ。

宮城内に目をやると、中央に正殿の太極殿《たいきょくでん》がみえる。塔のうえから見ると、太極殿―閶闔門―宣陽門―円丘が一直線に並んでいるのがわかる。東をみると石橋がかすかに見える。宮城の門から七里の場所にあるから七里橋と呼ばれている。洛陽の東の端である。西をみると、やはり宮城の門の七里先に張分橋《ちょうぶんきょう》がある。するとこの塔はちょうど東西の城壁からほぼ等距離にあるようだ。

永寧寺仏塔の基壇。洛陽市。2008年、著者撮影

宮城の北には華林園《かりんえん》がある。庭園内には天淵池《てんえんち》や蓬萊山《ほうらいさん》、仙人館がある。大魏皇帝は天淵池に竜船を浮かべて遊覧するそうだ。果樹園もあって仙人棗《なつめ》や仙人桃が植えられ、霜がかぶるころに熟し、非常に美味だと聞く。ぜひ味わってみたいものだ。

華林園の西に目を移すと、小高くなったところに金墉城《きんようじょう》がある。三国魏の明帝が築いたものだ。晋の恵帝は八王の乱のさなかここに幽閉されたらしい。

今度は西の方角を遠望する。西陽門から出て四里、洛陽大市がみえる。ざっと周囲八里の広さがある。大市の東に屠畜と行商をなりわいとする人が住む通商里《つうしょうり》・達貨里《たつかり》がある。劉宝という商人はあらゆる所に商売の手を伸ばして巨万の富を築き、王侯貴族のような暮らしぶりと都の人々は語る。

大市の南には、笛と歌がたくみな人が住む調音里《ちょうおんり》・楽律里《がくりつり》があった。ここには胡族が馬上で吹く笳《あしぶえ》が得意な田僧超《でんそうちょう》がいた。征西将軍の崔延伯《さいえんはく》が西方の賊を討ちに出陣する際、田僧超が「壮士の曲」を吹き鳴らし胡族の騎兵たちを勇気づけた。

大市の西には、酒づくりをなりわいとする人が住む延酤里《えんこり》・治觴里《ちしょうり》があった。なかでも劉白堕《りゅうはくだ》は酒造りの名人で、かれの酒は都の高官が地方へ赴任するとき土産として携帯するので鶴觴《かくしょう》とか騎驢酒《きろしゅ》と呼ばれた。また毛鴻賓《もうこうひん》が地方に赴任する途中で盗賊に襲われたが、盗賊たちはこの酒を飲んで酔っ払い、みな捕縛された。このことから擒奸酒《きんかんしゅ》と呼ばれるようになった。

大市の北には、棺桶を売り、霊柩車を貸し出す人が住む慈孝里《じこうり》・奉終里《ほうしゅうり》があった。ここに住む挽歌うたいの孫巌《そんげん》は、妻が服を着たまま寝るのでおかしいと思い、その衣服をはいだ。すると狐の尾がみえた。そこで孫巌は妻を離縁したが、妻は彼の髪の毛を切って逃げた。その後、都では男が髪の毛を切られる事件が続出し、被害者は一三〇人に及んだ。道を歩く美人にひかれてついていくと髪を切られる。そこで派手な着物の女性をみると化狐《ばけきつね》だと指さした。この奇妙な事件は、孝明帝の熙平《きへい》二年（五一七年）四月におきた。このとき霊太后は、髪を切られた男どもを千秋門外にあつめて崇訓衛尉《すうくんえいい》の劉騰《りゅうとう》に鞭で打たせた。聞くところ、狐の妖怪は、太和元年（四七七年）五月にも現れたことがあったそうだ。その当時は文明太后が政治をとっていたが、不正が横行したらしい。どうやら今回は霊太后の政治が不正であることを暗示しているようだ。

大市のさらに西側に東西二里、南北一五里というひときわ大きな寿丘里《じゅきゅうり》がある。洛陽の人々は王子坊と呼んでいた。大魏の皇子たちが住んでいたからそう呼ばれる。このころ大魏は最大の繁栄をむかえていた。大魏の王侯貴族たちは、山海の富をほしいままにし、景勝地に邸宅を構え、その豪華さを競い合った。なかでも河間王琛《かかんおうちん》と高陽王雍《こうようおうよう》がすごかった。しかし河陰の変《かいんのへん》（五二八年）によって、皇子たちが殺されてしまうと、その邸宅は多くが寺に名前が変わった。その結果、寿丘里の一帯には寺院が立ち並び、宝塔が高くそびえるようになった。

洛陽の北を眺めると、大夏門の外に練兵場がみえる。近衛兵の馬僧相《ばそうしょう》と宿衛の兵士張車渠《ちょうしゃきょ》の二人は角觝戯《かくていぎ》（すもう）が強く、皇帝陛下は高楼から二人の取り組みをご覧になった。

さらに北に目をやると小高い丘が延々と連なっているのがみえる。あれが邙山《ぼうざん》であろう。孝文帝をはじめとする大魏皇帝の陵墓と高位高官のお墓が築かれたところである。

今度は東に目を向けよう。穀水《こくすい》にかかる石橋がみえる。石橋をこえた先に建陽里《けんようり》があり、ここには一〇の寺があって、里内の人々はみな仏教を信奉している。なんでも崇真寺の僧侶の慧凝《えぎょう》が死後七日たって生き返り、閻魔大王の審問をうけたことを語ったそうだ。霊太后はこの話を聞いて、人は死後も罪と福があると知り、「経典と仏像をもって街中で物乞いをしてはならない」という詔を出した。僧侶をかたって物乞いをするのを禁止したのであろう。

さらに妙な話をきいた。晋の武帝期の人と称する趙逸《ちょういつ》という隠者が突然あらわれたのだ。ある人が、晋の洛陽はいまと比べてどうかと聞くと、晋の洛陽は人口こそ少なかったが、王侯の邸宅はいまと変わらないと答えたという。さらに永嘉《えいか》以来、二百余年、国を建てたものが一六人いるが、自分はその国の都をみな訪ね、この目で見てきた。これらの国が滅んでからその歴史書を読んだが、本当のことは書かれていなかった。碑文や墓誌には、君主であれば聖人の堯《ぎょう》・舜《しゅん》、人臣であれば有能な伊《い》

北魏の墓から出土したサーカス像。山西博物院蔵

尹《いん》・皐陶《こうよう》に匹敵すると書き立てる。これこそ「生きては盗跖《とうせき》（大盗賊）となり、死しては伯夷《はくい》・叔斉《しゅくせい》（清廉な人）となる」というものだと非難したという。なんとも耳のいたい話だ。

なにやら足元がにぎやかになってきた。そういえば今日は四月八日、お釈迦様の誕生日であった。洛陽中の寺から仏像が繰り出して街中を練り歩き、寺の門前では、刀を呑んだり、火を吹いたり、異国の奇術が演じられ、大勢の見物人が押しよせる。死人が出なければいいが。

さて、拙僧も塔を降りて奇術を見物するとしよう。

栄華のおわり

宝公が洛陽をさって数年後、永寧寺の九重の塔は火災により焼失した。夜明けころ、火は第八層から吹き出した。空はにわかに雷雨となり、あられまじりの雪も降りだした。洛陽の人々がこの火災を見にあつまり、僧侶三人が火のなかに飛び込んだ。悲しみの声が街中に響いた。この年（五三四年）、都は鄴にうつり、北魏の栄華がおわりをむかえた。

今回のタイムスリップにあたって、『洛陽伽藍記』をもとにした。登場人物の宝公もこの本の巻四に登場する。宝公はどこの人ともわからず、むさくるしい容貌をしていて、過去・現世・未来の三世のことを見通す力があったという。霊太后が時勢をたずねると「鶏《にわとり》に粟《あわ》やって朱朱《しゅしゅ》と呼ぶ」と答えた。当時の人はなんのことかわからなかった。五二八年（建義元年）、河陰の変で霊太后が爾朱栄に殺されると、はじめてその言葉の意味が明らかとなった。朱朱とは二朱＝爾朱を指し、爾朱栄を洛陽に招き入れることになるのを予言していたのである。

『洛陽伽藍記』には、当時の人々の生活の様子がリアルに描かれている。なかには死者が蘇る話など、にわかには信じがたいものもあるが、それらも含め当時の人々の精神世界を垣間見ることができる貴重な史料である。入矢義高氏の名訳が平凡社から出ているので、ぜひ読んで、北魏の洛陽に心を寄せて、当時の世界を体感してほしい。

北魏洛陽の繁栄も終わりを告げるときがきた。そのきっかけは、遥か北方の六鎮からおこった反乱によるものであった。

2　遥かなる六鎮

懐朔鎮の風景

北魏の北辺におかれた特別行政区である六鎮とは、どのような場所なのであろうか。六鎮の風景を歌った「勅勒《ちょくろく》の歌」から思いを馳せよう。

勅勒《ちょくろく》の川
陰山《いんざん》の下《もと》
天は穹廬《きゅうろ》に似て
四野を籠蓋《ろうがい》す
天は蒼蒼《そうそう》たり
野は茫茫《ぼうぼう》たり
風吹き草たれて牛羊をみる

勅勒の草原
陰山のふもと
天はテントに似て
四方をおおう
天は青々として
草原は広々として
風がふいて草がなびき、牛や羊をながめる

「勅勒の歌」は、東魏の実権を握っていた高歓《こうかん》が部下の斛律金《こくりつきん》に命じて歌わせ、士気を高めた歌である。もともと胡語の歌であったが、のちに漢訳されて伝わった。高歓や斛律金は北魏の六鎮のひとつ、懐朔鎮《かいさくちん》の出身である。かれらが兵士を鼓舞するために胡語で歌った風景は、かれらの故郷、懐朔鎮の風景なのだ。

四二九年（神䴥二年）、太武帝は柔然を征討した際、トルコ系の遊牧民である高車数十万落（約一〇〇万人）、馬・牛・羊一〇〇万を得た。そこで高車と家畜をゴビの南、陰山（大青山《だいせいざん》）の北、濡源《じゅげん》から五原《ごげん》まで三千里の地においた。この場所はちょうど明元帝が築いた長城の外側にあたる。こうして移住させた高車を六つの区域にわけて管理した。それが六鎮のはじまりである。六鎮は、西から沃野《よくや》鎮《ちん》・懐朔鎮《かいさくちん》・武川鎮《ぶせんちん》・撫冥鎮《ぶめいちん》・柔玄鎮《じゅうげんちん》・懐荒鎮《かいこうちん》とされる。鎮は区域の名称で、区域を管理する役所かつ軍隊の駐屯地を鎮城《ちんじょう》という。

内モンゴル自治区の大青山の北に広がる草原地帯に、北魏鎮城の遺跡と思われるものがいくつか発見されている。しかしながら、どの遺跡がどの鎮城にあたるか確定しているものは、沃野鎮と懐朔鎮だけで、そのほかは諸説あって定まっていない。

一九九八年、大学院生だった私は、南京の学会に参加したあと寝台列車に乗って包頭《パオトウ》までいった。懐朔鎮城の遺跡を見に行くためである。包頭から路線バスにのって陰山をこえ、固陽県《こようけん》までいった。そこでバスを降りた私は途方にくれた。どこに行ったらよいかわからず、固陽市街を出て郊外の畑を見渡し、その風景をスケッチして帰った。こうして一回目の懐朔鎮訪問はあえなく失敗に終わった。失敗の原因ははっきりしていた。事前の情報収集を怠ったからだ。懐朔鎮遺跡の発掘報告（『考古』一九八四年第二期）にあった地図をおぼろげに記憶して、漠然と固陽のあたりと見当をつけて来てはみたものの、甘かった。あとから思えば目的地は固陽県城からさらに三〇キロも先にあったのだ。

二〇一〇年、懐朔鎮遺跡を訪れるチャンスが再びめぐってきた。今回は佐川英治先生を代表とする科研費の調査「大青山一帯の北魏城址の研究」のメンバーに加えて頂き、中国の研究者の協力もあって大いに期待できた。ところが固陽県を過ぎたあたりで、道路工事のため先に進めない。迂回するにも何十キロも先になり、とても予定した時間内に着けそうにないということで、あえなく断念。

二〇一三年、三度目のチャンスが訪れた。夏休みを利用して、私は友人である津田資久氏（国士舘大学）と包頭にむかった。包頭のホテルでタクシーをチャーターし、運転手に遺跡の場所を示しながらここに行ってほしいと告げた。このとき私には勝算があった。事前にGoogle Earthで遺跡の場所を確認し、プリントアウトして持参していた。さらにスマホの地図で位置情報を見ながら運転手に指

懐朔鎮遺跡。内モンゴル自治区包頭市固陽県。2013年、著者撮影

示したからだ。運転手は「なんでそんな場所に行きたいんだ？　ほんとに観光客なのか」といぶかりながらも現地の人に場所を尋ねながら、広大な畑が広がる丘陵地帯を進んでいった。スマホの地図ではこのあたりのはずだと車をとめる。よく見るとかすかに城壁がつづいているのが見えた。

我々がたどり着いたのは遺跡の西北で、懐朔鎮城内で一番高い場所であった。そこらを歩くと瓦などが散乱していた。そこから城内を流れる五金河《ごきんが》のほうへ下っていくと、遺跡を示す石碑があった。ここが懐朔鎮城の遺跡だと確認したときはうれしかった。懐朔鎮に三顧の礼をつくしたのだ。

やはり遺跡を自分の目で見て、肌で感じるのは大事である。どんな地形をしているのか、周りには何があるのか。そして当時の人と思いをリンクさせる。高歓もこの風景を思い出して「勅勒の歌」を歌ったのかな。

実際に見てわかったことは、懐朔鎮城が丘陵地帯にあり、城内にかなりの高低差があって平坦ではないこと。

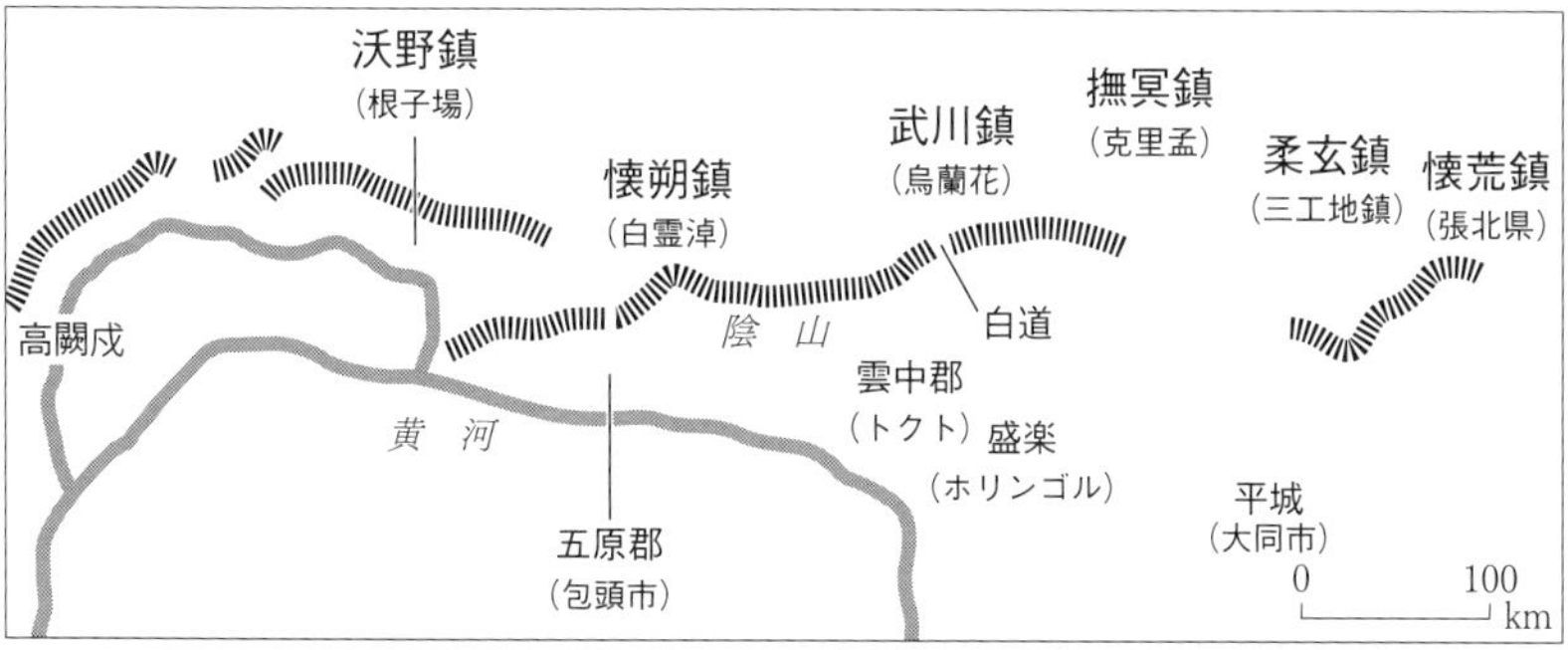

六鎮図

城内に自然河川が流れていること。これらは中国内地の都市ではあまり見られないこの地域の鎮城の特徴である。これと似た遺跡として、六鎮の遺跡とされる克里孟《こくりもう》遺跡《いせき》（撫冥鎮）がある。克里孟遺跡も中央に川が流れていて川に向かってかなり急勾配になっている。六鎮の遺跡の多くは、こうした河川の側に置かれている。また遺跡の広さも実際に歩いてみてわかった。

六鎮の比定

大青山一帯の北魏遺跡のどれがどの鎮城の遺跡なのか、これまで様々な説が出された。遺跡が発見されるたびに比定が行われるから、そのたびに比定される遺跡がかわる。この頃ようやく候補となる遺跡は出尽くした感がある。そこでこれまでに発見された遺跡を検討し、私なりに六鎮の比定をしてみたい。

私が注目するのは、遺跡の規模と遺跡間の距離である。広大な範囲をカバーするためには鎮城を等距離に配置するのがいい。しかも鎮城は官僚や軍隊が駐屯する行政の中心地であるから、ある程度の規模を有していたはずである。この二点をもとに導き出された答えが地図に示したものである。

鎮城に比定する遺跡の規模は、城壁の長さが一辺一〇〇〇メートルを超えるか、それに近い規模をもつもの。それ以下のものは鎮城と鎮城の間に設けられた戍《じゅ》とよばれる軍事施設であろう。このように配置すると鎮城とされる遺跡の間隔は、ほぼ等距離になる。

使えるものは何でも使え

北魏時代の遺跡を調査するのに必要な史料に『水経注図《すいけいちゅうず》』がある。これは北魏の酈道元《れきどうげん》が書いた地理書『水経注』をもとに、清の楊守敬《ようしゅけい》が、赤色で書かれた清代の地図に黒色で『水経注』の情報を書き入れたものである。その『水経注図』がいまや東洋文庫水経注図データベースとして公開されている。以前は本をめくって探していたが、いまや画面上で、中国全体の地図から目的の場所までシームレスに移動し、見ることができる。画面の地図を見ながら、北魏時代の遺跡の位置を知ることができる。

それともう一つ欠かせないのがGoogle Earthである。『水経注図』で遺跡の場所のあたりをつけたら、Google Earthでその場所を探す。すると遺跡が見つかることがある。すでに発掘調査などで場所が特定されているものは、発掘報告書などの地名からGoogle Earthで場所を特定することで、遺跡の場所を確認できる。Google Earthのいいところは、衛星画像なので、空から遺跡を俯瞰できること。さらに遺跡の周囲の状況も把握できる。近くに川があるとか、山があるとか。地形をみることで遺跡の立地環境を知ることができる。

3　六鎮の乱

六鎮の構造

陰山（大青山《だいせいざん》）の北に広がる草原に、四二九年、高車が移された。その高車をブロックごとに管理するために設置された行政区が鎮のはじまりである。行政区には行政府にあたる鎮城が設置され、中央から派遣された鎮都大将《ちんとたいしょう》（鎮大将・鎮将）をはじめとする官僚が四〇〇人ほどいた。加えて鎮将配下の軍隊も駐屯していた。行政区内には高車をはじめとする遊牧民が住んでいた。その様子を『魏書』陸俟伝《りくし》からみる。

陸俟は平東将軍、懐荒鎮大将となった。任期満了になるまえ高車の莫弗《ばくふつ》（部族長）たちが、陸俟の統治が厳格で、民への待遇に温情がないので前任の鎮将郎孤《ろうこ》を戻してほしいと訴えた。太武帝は許可し、陸俟を都に還らせた。陸俟が朝廷にきて言った。「陛下はいま郎孤を鎮に戻しましたが、私が思うに一年以内に郎孤は必ず失敗し、高車は背くでしょう」世祖はその話の実現性を疑い、陸俟を責めて自宅謹慎とした。翌年、高車の莫弗たちが郎孤を殺して背いた。太武帝はこれを聞いて大変驚き、すぐに陸俟を呼んで失敗の理由を聞いた。陸俟が言うには、高車とは無礼な連中で、そうした者には厳しさが必要である。しかし郎孤は寛容をもって臨み失敗したのだと。

このエピソードから、北魏が高車の統治に苦慮している様子が見て取れる。もともと高車が居住していた六鎮に、文成帝の和平年間（四六〇～四六五年）、畿内（雲代地区）に住む代人《だいじん》が移された。このなかには北朝から隋唐にかけて活躍する人たちの祖先も含まれていた。例えば、西魏・北周で活躍した独孤《どくこ》信《しん》の祖先は、もともと部族長として雲中に住んでいたが、和平年間に武川鎮に移住した。独孤信の父は領民酋長となって部族を率いた。また、同じく西魏で活躍した賀抜勝《がばつしょう》の祖父賀抜爾頭《じとう》は文成帝のとき良家の子として武川鎮に移住した。献文帝のとき、柔然が攻めてくると、爾頭は軽騎を率いて敵情を視察すること八〇回、敵の情報を熟知したため、柔然が攻めてきても被害はなかったという。父の賀抜度抜《どばつ》も果敢な性格で、武川鎮の軍主《ぐんしゅ》（下級の軍指揮官）になった。

なお良家の子とは、部族長の子弟という意味であるが、このほかに中原強宗の子、すなわち漢人豪族の子弟も含まれる。なお漢人豪族は、北魏に征服された五胡十六国の後燕や北涼にいた漢人である。また文成帝以降、犯罪者の流刑先として六鎮があてられたため、六鎮社会には犯罪者も含まれるようになり、そのことがのちに六鎮の評価を下げる一因ともなった。

洛陽遷都の影響

洛陽遷都にともなって六鎮にも様々な影響がでてきた。まずは代人集団の分裂がおきた。洛陽に移住して河南洛陽人となった代人と、北方に残留した代人という地理的な分裂にくわえて、姓族詳定によって社会的に上位に位置するものと、下位に甘んじるものという社会的身分も分裂した。洛陽に移住し上位に位置したものは栄達を極める。一方、北方に残されたものは出世の道が閉ざされた。

さらに洛陽移住者のなかにも姓族詳定によって下位に位置付けられた人々がいた。代遷戸《だいせんこ》と呼ばれる人々である。孝文帝は、代遷戸を近衛軍である羽林《うりん》・虎賁《こほん》に採用するなどの救済措置を講じた。遷都後に六鎮を巡幸したのも、北方に残った代人たちの不安を和らげるためのものであったと思われる。

しかし孝文帝以降、対南朝の意識が高まるにつれ、六鎮の待遇はますます悪化していく。都が平城にあったころ、六鎮は都を守る重要な位置にあって、鎮都大将には北魏宗室をはじめとする有力者が任命され、鎮民にも鎮兵として採用されたのち、軍功をあげて出世する道があった。

しかし遷都後は、宗室ではなく凡庸なものが鎮都大将として送られるようになった。そうした鎮都大将の関心事は、鎮民の家畜や土地を奪ってわがものとすることや、鎮民を私的に酷使することであった。鎮民は鎮将に搾取され、その結果、もはや犯罪者でない限り、六鎮に望んで住むものはいなくなったと言われるほどに、六鎮の評価が下がってしまった。

こうしたなか、洛陽と六鎮において、のちの大規模な反乱につながる事件がおきる。羽林《うりん》の変《へん》と懐荒鎮民の反乱である。

羽林の変

五一九年（神亀二年）、羽林（近衛兵）一〇〇〇人が張 仲瑀《ちょうちゅうう》の邸宅を焼き討ちし、息子の張始均《ちょうしきん》を焼き殺す事件が起きた。その原因は、張仲瑀が軍人を出世させないようにする規定を孝明帝に提出したことにある。軍人の多くは胡族で、北魏前期には軍功によって出世できたが、孝文帝の姓族詳定によって政権の中枢から締め出され、さらに今回の規定で出世の道が完全に閉ざされることになる。それに激怒した近衛兵たちが、張仲瑀の自宅に押しかけ親子を襲撃した。しかし孝明帝は首謀者八人を処刑しただけで、この事件の幕引きをはかった。この北魏政府の弱腰な対応に、当時の人々は北魏政府の統治能力の弱体化を感じ取った。たまたま函使《かんし》（鎮と洛陽の連絡係）として洛陽を訪れ、この事件を目撃した高歓は、時代の変化を敏感に感じ取ると、懐朔鎮に戻り、財産を投げうって仲間を集めた。これにより高歓はこのあとの混乱の時代を勝ち抜き、北斉の基礎を築くことになる。

懐荒鎮民の反乱

五二三年（正光四年）四月、柔然可汗《じゅうぜんかがん》の阿那瓌《あなかい》が、柔玄鎮《じゅうげんちん》と懐荒鎮《かいこうちん》を荒らしまわり、鎮民二〇〇〇人、家畜数一〇万頭を奪った。困窮した懐荒鎮民は、鎮都大将の于景《うけい》に食糧をもとめたが拒否された。これに怒った鎮民は反乱を起こし、于景とその妻を縛り上げて監禁したうえで衣服を奪い、于景には皮裘《ひきゅう》（毛皮の服）を、妻には古着の赤い上着を着させ、ひと月ほど辱めたのち殺害した。殺された于景は、オルドスの高平鎮《こうへいちん》将だったときにもワイロを受け取ったことで摘発されている典型的なクサレ鎮都大将である。

北魏は逃亡した柔然の阿那瓌を討つべく、一〇万の軍を派遣したが、功なくして帰還した。それをみた鎮民たちは、北魏政府に失望し、反乱に加担する気持ちがめばえていった。六鎮《りくちん》の乱が多くの鎮民を巻き込んで広範囲に及んだ背景には、北魏政府に対する鎮民の不信感があった。

六鎮の乱

于景が鎮民に殺されて間もなく、沃野鎮民の破六韓抜陵《はろくかんばつりょう》が鎮民を集めて挙兵し、鎮都大将を殺害して真王《しんおう》と称した。この反乱に六鎮の鎮民が呼応した。破六韓抜陵は南匈奴の右谷蠡王《うこくりおう》だった潘六奚《ばんろくけい》の子孫で、北魏では破六韓（破洛汗《はらくかん》）と名乗った。

破六韓抜陵は兵を率いて南下し、別部隊の隊長として衛可孤《えいかこ》（匈奴）に武川鎮と懐朔鎮を攻撃させた。懐朔鎮都大将の楊鈞《ようきん》（漢人）は賀抜度抜（高車?）を抜擢して三人の子供（允《いん》・勝《しょう》・岳《がく》）と防衛にあたらせた。衛可孤に包囲された懐朔鎮では、救援を求めるため賀抜勝を雲中にいる臨淮王元彧《りんわいおうげんいく》（宗室）のもとに派遣したが、賀抜勝が戻る頃には懐朔鎮も武川鎮も陥落し、賀抜度抜・勝父子は衛可孤にとらえられた。

五二四年（正光五年）四月、オルドスの高平鎮では赫連恩《かくれんおん》（匈奴）が反乱を起こし、胡琛《こちん》（高車）を高平王とし、高平鎮を攻撃した。五月、北魏は臨淮王元彧を派遣して、五原で破六韓抜陵を攻めたが敗れ、別に派遣した李叔仁《りしゅくじん》（漢人）も白道《はくどう》（フフホトの北）で敗れた。六月には秦州《しんしゅう》（甘粛）でも反乱が起こり、秦州刺史の李彦《りげん》（漢人）が殺され、莫折大堤《ばくせつだいてい》（羌族《きょうぞく》）が秦王を称して自立した。

五二五年（孝昌元年）、孝明帝は七〇歳の老将李崇《りすう》（漢人）を総大将とし、崔暹《さいせん》（漢人）と元深《げんしん》（宗室）を副将として五原に派遣した。また柔然の阿那瓌に援軍を要請し、阿那瓌は一〇万騎を率いて武川鎮から沃野鎮に向かい、破六韓抜陵を討った。困窮した破六韓抜陵の兵二〇万は北魏に投降した。

そこで元深は投降者を恒州《こうしゅう》（平城）の北に郡県を建てて安置し、食糧などを支給するよう朝廷に願い出たが許可されず、投降者は河北の冀州《きしゅう》・定州《ていしゅう》・瀛州《えいしゅう》に置かれた。これがさらなる反乱を招くことになった。もと柔玄鎮民の杜洛周《とらくしゅう》は、投降民を集めて上谷《じょうこく》で反乱を起こし、もと沃野鎮民の鮮于修礼《せんうしゅうれい》も六鎮からの流民を集めて定州で反乱を起こしたのである。その後、これらの反乱勢力を糾合した葛《かつ》栄《えい》は、瀛州で天子を称し、国号を斉として自立した。

鎮民の不満

六鎮の乱がこれほどまでに大規模な反乱につながった原因はどこにあったのか。魏蘭根《ぎらんこん》の提言から、鎮民の不満を聞くことができる。

むかし辺境に諸鎮を置いた頃は、土地は広く人は少なかったので、中原の豪族の子弟や国の肺腑《はいふ》(代人)を徴発して防衛にあたらせた。遷都後、鎮民は「府戸《ふこ》」(鎮府に属する民)と呼ばれて賤民のようにこき使われ、仕官や婚姻でも上流とは見られなくなった。洛陽にいるもとの仲間たちは栄達をきわめ、それを見れば当然不満や怨みの気持ちが生まれる。そこで鎮を州に改め、郡県を設置して、府戸を解放して一般民とし、仕官ももとの基準に照らして文武両方に任用すべきである。

鎮民の不満は、任官における差別と洛陽移住者との格差が一つ。これは潜在的な不満として鬱積していた。

『魏書』李平《りへい》伝によると、延昌《えんしょう》の頃(五一二〜五一五年)、武川鎮民が飢えたため、鎮都大将の任款《にんかん》は政府に食糧の貸与を要求した。しかし許可されなかったため、勝手に倉庫を開いて救済した。政府はそれを「費散《ひさん》の条《じょう》」(国費を勝手に使った罪)で裁き、官爵を免じた。この処分に対して宣武帝の寵臣の李平《りへい》は上奏し、任款の意図は救済にあって他意はないと訴えた。そこで宣武帝は任款を許した。このときは鎮都大将の判断で救済措置が取られたが、任款のような善良な鎮都大将ばかりではない。沃野鎮や懐荒鎮では、鎮都大将の対応の悪さが原因で反乱がおきている。北魏末の六鎮は、いつこのような反乱がおきてもおかしくない状態にあったのである。そこに飢饉と柔然の掠奪が追い打ちをかけ、結果的に大規模な反乱へといたってしまった。

4　霊太后の政治と東西分裂

孝明帝の母・霊太后

六鎮の乱が勃発する以前のこと、四九九年、孝文帝の後をうけ即位した宣武帝の後宮は、ドロドロした女たちの争いの場と化していた。はじめに妃となったのは于《う》氏で性格もよく、寵愛をうけ皇子昌《しょう》を生んだ。しかし昌は三歳で夭折した。その後、于氏も急死した。この于氏の急死に関わっているとされるのが、宣武帝の皇后の高氏である。彼女も皇子を生んだが、その子も夭折している。高氏は嫉妬深い性格で、ほかの妃が皇帝の寵愛をうけないように邪魔した。

そこにもう一人、胡《こ》氏がくわわる。北魏では、後継者の生母は殺される子貴母死があるため、後宮の妃たちは長子を生むのを嫌がった。しかし胡氏は懐妊すると、おなかの子が男の子でかつ長子になることを願った。そのために自分が死ぬとしても。そして孝明帝を生んだ。これまで宣武帝はあいついで皇子を亡くしていたため、孝明帝が生まれると妃たちから遠ざけ、不測の事態がおきるのを避けた。

こうして五一五年（延昌四年）、孝明帝が六歳で即位した。生母の胡氏は子貴母死を免れ、皇太妃となった。これが霊太后である。なぜ彼女は子貴母死を免れたのか。一つには、すでに孝文帝がこの制度の廃止を考えていたこと。ただしそのときは文明太后の反対により断念した。もう一つは、皇子が一人しかいなかったこと。宣武帝は唯一の皇子を生んでくれた胡氏を殺すに忍びなかったのであろう。

霊太后は実権を握るため、邪魔な存在であった皇太后の高氏を出家させて瑶光寺《ようこうじ》に幽閉したのち殺害した。こうして実権を掌握した霊太后であるが、彼女は幼い頃から叔母に仏教の手ほどきをうけ、仏教に傾倒していた。洛陽随一の仏塔をもつ永寧寺《えいねいじ》を建てたのも霊太后で、落成式には僧尼数万人が訪れたという。

なお霊太后は仏教以外の諸淫祀を廃止しているが、胡天神（ゾロアスター教）は除外されている。北魏におけるゾロアスター教徒、その多くを占めるソグド人に対する優遇策であったと思われる。

霊太后には政敵がいた。元叉《げんしゃ》と劉騰《りゅうとう》である。五二〇年（正光元年）この二人によって霊太后は一時幽閉されたが、五二五年（孝昌元年）霊太后が元叉を捕らえて復権をはたした。やがて孝明帝と霊太后の間にミゾが生じ、五二八年（武泰元年）ついに霊太后は孝明帝を暗殺し、孝文帝の玄孫の釗《しょう》（三歳）を即位させた。

中央政界で権力闘争が繰り広げられているなか、洛陽では羽林の変、北方では六鎮の乱がおき、北魏が派遣した討伐軍はことごとく敗退した。そこに彗星のごとく現れた高潔な美男子、それが爾朱栄《じしゅえい》である。私のなかには、爾朱栄は契胡《けいこ》（匈奴）の荒くれもの、「北斗の拳」のラオウのイメージがあったのだが、『魏書』爾朱栄伝を読むと「潔白、美容貌、幼而神機明決（清廉潔白で、容貌は美しく、幼くして決断力に富んでいた）」と書かれている。ラオウのイメージはふさわしくなかったか。

天柱大将軍・爾朱栄

爾朱氏は北秀容《ほくしゅうよう》（山西省朔県）一帯で遊牧生活を送っていた羯族契胡《けいこ》の部族長で、北魏の道武帝のとき領民酋長に任命され、征討に従軍したり、軍馬を提供したりした。洛陽遷都後、爾朱新興《じしゅしんこう》は、夏は北秀容にいて、冬に洛陽に入る雁臣であった。入朝するたび王侯貴族から珍玩を贈られ、その返礼に名馬を贈った。孝文帝は爾朱新興を散騎常侍《さんきじょうじ》・平北将軍・秀容の第一領民酋長とした。孝明帝のとき爾朱新興は爾朱栄に領民酋長をゆずった。

六鎮の乱がおこると、爾朱栄は私財を投じて義勇の士を集め、軍服と軍馬を与え、四〇〇〇人を率いて李崇に従い、北辺で掠奪をくり返す柔然阿那瓌の追撃に参加した。その後、山西一帯の反乱を鎮圧した。

五二八年、孝明帝が霊太后に毒殺されると、爾朱栄は、宗室の元天穆《げんてんぼく》と結んで孝荘帝を擁して洛陽にせまった。黄河をわたった河陰《かいん》で、洛陽にいる霊太后と幼主、官僚二〇〇〇人余りを呼び寄せ殺害した。これを河陰《かいん》の変《へん》という。なお爾朱栄が孝荘帝を立てるにあたり、候補者六人の像を鋳造し、孝荘帝の像だけが完成したという。また河陰の変のあと、爾朱栄はみずから皇帝になろうと、金人鋳造をおこなったが四回挑戦してすべて失敗した。爾朱栄はその結果に茫然自失となったが、やがて気を取り直し、孝荘帝を奉じて洛陽に入った。ここでも金人鋳造が神託を得るための手段として用いられている。

同年秋、河北の葛栄《かつえい》を破った爾朱栄は、その統率下の降服民を吸収し、五三〇年には西方の反乱も鎮圧した。これによって六鎮の乱は終息した。この北魏の混乱に乗じ、南朝梁の武帝は亡命者の北海王元顥《げんこう》に軍隊をあたえて送り込んできた。元顥は一時、洛陽を占拠したが、爾朱栄によって撃退された。爾朱栄はこれらの功績によって天柱《てんちゅう》大将軍《たいしょうぐん》（軍権のトップ）となった。中二病のような名前のこの将軍号は、爾朱栄のためにつくられたものである。なお爾朱栄のもとにいた侯景《こうけい》はのちに南朝の首都建康を占領し、宇宙大将軍を称した。宇宙とは、空間と時間を意味し、それらを支配する将軍、つまり超絶にエライと表現したかったのだろう。

しかし爾朱栄の栄華も長くはつづかなかった。爾朱栄の専権をきらった孝荘帝によって暗殺されてしまったのである。このとき爾朱栄がラオウのように「わが生涯に一片の悔いなし」と言ったか。爾朱栄は皇帝になりたかったから、悔いは残っただろう。

このあと爾朱氏の報復によって孝荘帝が殺され、北魏は無政府状態になった。そのなか爾朱栄の部下だった高歓《こうかん》が爾朱氏を倒して孝武帝《こうぶてい》を擁立したが、今度は孝武帝が高歓をきらって長安にいる宇文《うぶん》泰《たい》のもとへ逃亡した。そのため高歓はあらたに孝静帝《こうせいてい》を立てたうえで、鄴《ぎょう》へ遷都した。これを東魏という。なお長安に脱出した孝武帝は宇文泰に殺され、宇文泰はあらたに文帝を立てた。これを西魏という。

次代の英雄

爾朱栄のもとには次代をになう英雄たちが集結していた。東魏を建国する高歓と西魏を建国する宇文泰。彼らはどのようにして爾朱栄のもとに集まったのであろうか。

高歓（字は賀六渾《がろくこん》）は、雲中で生まれた。生まれてすぐに母親が亡くなり、姉の夫である尉景《うつけい》に育てられた。家は貧しかったが、部族長婁氏《ろうし》の娘を妻としたことで、運気が開けた。馬を懐朔鎮に提供して鎮の隊主（下級武官）となり、その後、函使《かんし》となった。五一九年、洛陽からもどった高歓は財産を投げうって仲間を集めた。親しい人がその理由を聞くと、「洛陽に行ったとき、近衛兵たちが張仲瑀の邸宅を焼いたが、朝廷は近衛兵の反乱を恐れて不問とした。政府がこんな状態であるのだ。今後のことを考えねば。財産は守るだけのものではない」と答えた。羽林の変を目撃し、北魏の衰亡と時代の変化を察知したのである。

高歓は懐朔鎮民の司馬子如《しばしじょ》・劉貴《りゅうき》・賈顕智《かけんち》・孫騰《そんとう》・侯景《こうけい》らを仲間とした。五二五年、杜洛周《とらくしゅう》が上谷で反乱を起こすと、仲間たちと反乱に身を投じたが、杜洛周のやり方が醜いと逃げ出し、一旦は葛栄のもとにいったが、また逃げ出し、最後は爾朱栄のもとに落ち着いた。

宇文泰（字は黒獺《こくだつ》）は、武川鎮で生まれた。六鎮の乱がおこると、父の宇文肱《うぶんこう》と兄とともに中山に避難し、そこで鮮于修礼の反乱に参加し、父はそこで死去した。鮮于修礼が葛栄に殺されると、葛栄の配下となったが、その後、葛栄が爾朱栄に捕らえられると葛栄の手勢とともに爾朱栄に吸収された。爾朱栄は宇文泰兄弟が自分に背くのではないかと思い、罪を着せて殺そうとしたが、宇文泰は冤罪であることを憤りと嘆きをもって訴え、それに感動した爾朱栄が罪を免じ、以後、敬意をもって接したという。

高歓や宇文泰、またかれらのもとに集まった鎮民は、六鎮の乱に参加したり、反乱軍に追われて流民となったりして、最後は爾朱栄のもとに集まった。その後、爾朱栄のもとで各地の反乱平定に派遣されて功績をあげていった。爾朱栄が孝荘帝に暗殺されると、爾朱氏と決別し、それぞれ北魏を継承する国家を建てた。高歓は鄴に都をおいて東魏を、宇文泰は長安に都をおいて西魏を建てた。

東魏と西魏、それぞれ構造的には似ているが、国是《こくぜ》はちがっていた。似ている部分は、軍事力を担うのが六鎮出身の胡族で、それを支えるのが、漢人という構図である。東魏の場合、晋陽《しんよう》（山西省太《たい》原《げん》）に軍事を担当する六鎮出身の勲貴《くんき》をおき、首都の鄴を牽制する体制をとった。一方、西魏の場合は華《か》州（陝西省大茘県《だいれいけん》）に六鎮出身の胡族をおき、首都の長安を牽制する体制をとった。これら軍事拠点を覇府《はふ》という。

相違点としては、東魏は漢人貴族を抱えていたことから、孝文帝の漢化路線を継承したことである。一方、西魏は、少ない軍事力を補うために漢人豪族を兵士として取り込んだ。その際、部族長のもとに漢人兵士を属させるため、漢人に所属先の部族長の胡姓を名乗らせた。こうして部族長が部族兵（胡族と漢族）を従える軍事体制ができあがった。これを二十四軍制という。

北魏の前期体制（胡族体制）をとるか後期体制（中華体制）をとるか、東魏と西魏は違った路線を進んだ。しかし東魏をうけた北斉は、漢化路線を進んで胡族体制を否定したのかというとそうではない。胡族が軍事を担う体制はなかなか崩せずにいた。東魏・北斉を支えた勲貴の代表の斛律光《こくりつこう》が殺されると、勲貴の軍事体制は崩壊したが、同時に北斉も滅んでしまった。

一方、西魏は胡族体制へ回帰したが、北周になると、その国名が示すように、中華王朝の周にならった国家体制を目指していく。このように北魏以降の北斉・北周では、胡か漢かどちらか一方を選択するというより、胡漢の融合が目指された。

周隋唐みな武川より出ず

清の趙翼《ちょうよく》『廿二史箚記《にじゅうにしさつき》』のなかに「周隋唐みな武川より出ず」というコラムがある。北周・隋・唐の建国者のルーツをたどると、みな武川鎮出身者にいたることを指摘したものである。北周の建国者は宇文氏、隋は楊氏、唐は李氏である。宇文氏は名前からして胡族だとわかるが、鮮卑か匈奴か、研究者の見解はわかれる。『周書』文帝紀には、その先祖は炎帝神農氏《えんていしんのうし》から出て、黄帝に滅ぼされて子孫が北方に住んだという書き出しではじまる。もちろんこれはウソで、宇文氏が中華世界の伝説上の君主の炎帝につらなることをいうためのもの。黄帝よりも先の炎帝の子孫とするあたり、拓跋氏を意識している。その後、宇文氏に葛烏菟《かつうと》なる英雄があらわれると、鮮卑が彼を部族長にしたという。また宇文というのは天の君主という意味らしい。

一方、『魏書』宇文福《うぶんふく》伝には、先祖は南匈奴《みなみきょうど》の単于《ぜんう》の遠い親戚となっている。おそらく宇文氏は、北魏時代には匈奴単于の末裔と称していたが、北周以降になって、自分たちは鮮卑のリーダーだったと出自に関する内容を変更したのだろう。

隋の楊氏は、弘農郡《こうのうぐんか》華陰県《いんけん》の出身で、後漢の太尉《たいい》楊震《ようしん》の八代孫とされているが、真偽のほどはわからない。確かなことは、隋の文帝楊堅《ぶんていようけん》の父の楊忠《ようちゅう》が、宇文泰に従って西魏の建国に活躍し、普六茹《ふりくじょ》の姓を下賜されたこと。かりに弘農郡華陰県の楊氏の子孫であったとしても、それは武川鎮で生活するうえでは何の意味も持たない。なお楊忠が下賜された胡姓の普六茹について、アーサー・F・ライト『隋代史』（布目潮渢・中川努訳、法律文化社、一九八二年）は、モンゴル語のブルスカンの漢訳で楊（やなぎ）の意味だとする。普六茹が楊を意味する鮮卑語であるかどうかわからない。しかし普六茹が本来持っていた胡姓で、漢姓として楊氏を使用したというのはおもしろい。

唐の李氏は、五胡十六国の西涼《せいりょう》を建国した李暠《りこう》の子孫とされている。しかし李暠と聞いてすぐに西涼の君主を連想できるほどの有名人ではない。むしろマイナーな人物にあえて出自をつなげたのはなぜか。じつは李暠の子孫に当時有名な人がいた。北魏の孝文帝に仕えた漢人の李沖《りちゅう》である。孝文帝の洛陽遷都をはじめとする改革を推進したブレインである。その李沖の子孫であると言いたかったが、李沖の先祖が李暠なので、必然的に李暠の子孫となった。ただこれも怪しく、本当のところは、唐の高祖《こうそ》李淵《りえん》の祖父の李虎《りこ》が武川鎮にいたことくらいしかわからない。

さて、北斉・北周・隋・唐にも代人がいる。この時期の代人は、六鎮の乱のあと、高歓や宇文泰とともに北斉・北周を建国した人、またはその子孫である。さきほど見たように、宇文氏、楊氏、李氏はいずれも家系を操作して、過去の名家につなげている。それに対して彼らに仕えた胡族のなかに、代人にルーツをもとめる人たちがいたことは何を意味するのか。北魏前期の支配者集団である代人の子孫であることに誇りを感じているのである。また代人の子孫であるとすることが、当時一種の社会的ステイタスであったことを示している。

第七章

誕生！　新たな中華

隋唐帝国の拓跋

唐の宮廷の女楽士を描いた「宮楽図」。部分。台北・故宮博物院蔵

北魏以降、隋唐にいたる過程で、それ以前の「漢の中華」とは異なる新たな中華が形成されていく。西晋の滅亡により、胡族とよばれる遊牧民が華北に国家を形成した。その胡族が持ち込んだ胡俗が、北魏をへて隋唐にいたる過程で中華世界に定着し、隋唐ではもはや中華を代表するものとなった。遣唐使を通じて唐の文化を取り入れた日本も、唐物を中華だと思っていた。胡族が持ち込んだものが「唐の中華」になった事例を取り上げる。

1　手を垂れると膝を過ぐ

異形の帝王と仏教

『周書』文帝紀には、北周の太祖宇文泰の容貌について、身長八尺（二メートル）、四角く広い額《ひたい》、美しい髭《ひげ》、地までとどく髪、手をたらすと膝《ひざ》をすぎ、背中にはとぐろを巻いた龍の姿をしたホクロがあり、顔には紫の光があったと書かれている。こんな姿をした人が本当にいたら、それはバケモノである。

しかし中華の帝王は普通じゃないから帝王になれる。姿かたちも異形《いぎょう》であることが帝王にふさわしいとされる。だから、古帝王は必ず何らかの異形を備えているとされる。例えば、堯の眉は八色であるとか、舜は黒目が二つあったとか、禹の耳には三つの穴があいていたとか、殷の湯王《とうおう》の腕には肘の関節が二つとか、周の文王には乳首が四つあったとか。

なかでも帝王の異形の姿は、緯書《いしょ》によく登場する。緯書とは、孔子の教えを書いた儒教の経書をまねて、吉凶禍福や未来のことを予言した書物で、漢代に流行した。儒教の経書がタテで、緯書はそれぞれの経書を補足するヨコの関係にあたる。その緯書のひとつに後漢末から三国魏の頃に書かれた『春秋演孔図《しゅんじゅうえんこうと》』というのがある。この書物のなかで孔子は、身長一〇尺（二メートル超）、海のように大きな口、頭頂部がへこんでいて、四角い顔には三日月形の骨が飛び出し、大きな鉤鼻《かぎばな》。亀のように曲がった背中、手を垂れると膝を過ぎ、耳が垂れているなどと書かれている。異形のデパート、最強のキャラクターである。緯書は、孔子をあらゆる異形の相の持ち主とすることで、古の帝王に匹敵する神秘的な存在であったとした。孔子を堯や舜とおなじ聖王としたのである。ただし孔子は生前に王にはならなかったから素王《そおう》と呼ばれた。

ここで注目したいのは、「手を垂れると膝を過ぎる」という特徴である。この孔子がもつ「垂手過膝」という特徴はどこからきたのか。古の帝王におなじ特徴をもった人はいない。一方、仏《ほとけ》の身体的特徴である三十二相《さんじゅうにそう》のひとつに「正立手摩膝相《しょうりつしゅましっそう》」というのがある。直立したとき両手が膝に届き、手先が膝をなでるくらい長いというもの。また耳が垂れているというのも仏の身体的特徴の八十種好《はちじっしゅこう》のうちのいわゆる福耳をさしていると思われる。『春秋演孔図』で孔子を異形の姿に仕立てていく際、仏の特徴を取り込んだのではないか。

古代インドでも、偉大な人は一般人とは違う身体的特徴をもっていると考えられていたという。それが仏教における仏・如来あるいは転輪聖王などの身体に三十二の相があるという信仰となり、紀元前後、ブッダに対する超人化・偉大化の思想が高まるなかで、初期大乗経典において、善行の結果として三十二相が獲得されるという考えが発生し、三十二相の選択・配列が確定した（岡田行弘「三十二大人相の成立」『勝呂信静博士古稀記念論文集』山喜房佛書林、一九九六年）。

『高僧伝《こうそうでん》』をみると、後漢末の桓帝のとき、西域からきた僧侶に安清《あんせい》（字は世高）がおり、また霊帝のときには支婁迦讖《しるかせん》や竺仏朔《じくぶっさく》が洛陽にきて仏典の漢訳をしている。

その漢訳仏典のなかに、一九七年に竺大力《じくだいりき》・康孟詳《こうもうしょう》が訳したとされる『修行本起経《しゅぎょうほんぎきょう》』があり、そのなかに三十二相を紹介して「平住手過膝」と書かれている。また少しあとの三国呉の支謙《しけん》が訳した『梵摩《ぼんま》渝経《ゆきょう》』にも「平住両手摩膝」がある。これはまさしく『春秋演孔図』にいう「垂手過膝」のことに違いない。『春秋演孔図』が書かれたときには、すでに漢訳仏典のなかで三十二相のひとつとして「垂手過膝」があったことはほぼ疑いない。やはり孔子の手が長いという特徴は、仏の三十二相に由来すると考えてよさそうである。

劉備・司馬炎も

そしてこの特徴を最初に備えた皇帝として、三国志で有名な劉備《りゅうび》が登場する。『三国志』先主伝《せんしゅでん》には、「手を垂らすと膝を下り、顧《かえり》みるに自《みずか》らその耳を見る」とある。これはただ手が長い、耳が大きいということではなく、孔子や仏のように異形の相を備えていることを表している。『三国志』では劉備にだけ異形についての記述があって、曹操《そうそう》や孫権《そんけん》にはない。『三国志』の撰者陳寿《ちんじゅ》は劉備がホンモノの皇帝であると言いたかったのだ。

さて、劉備が孔子や仏とおなじ身体的特徴を備えるようになってから、歴史書において「手を垂れると膝を過ぎる」人たちが続々登場するようになる。

西晋の武帝（司馬炎《しばえん》）は、「髪は地に届き、手は膝を過ぎる。これは人臣の相ではない」（『晋書』武帝紀）と書かれている。五胡十六国の君主にもいる。前趙《ぜんちょう》の劉曜《りゅうよう》は「身長九尺三寸（二二三センチ）、手を垂れると膝を過ぎ、生まれながらにして眉は白く、目には赤い光あり、ヒゲは一〇〇本ほどであるが、すべて五尺（一二〇センチ）の長さがある」（『晋書』劉曜載記）。前秦《ぜんしん》の苻《ふ》堅《けん》は「背中に赤い文様があり、浮かびあがって文章をなして「草が付き（苻）、臣・又・土（堅）が咸陽《かんよう》で王となる」とあった。腕は垂れると膝を過ぎ、目には紫の光があった」（『晋書』苻堅載記）と書かれる。なお、背中に浮かび上がった文様は、謎かけで、苻《ふ》と堅《けん》の文字をばらしたもの。苻堅が皇帝になることを予言したものである。つづいて後秦《こうしん》の姚襄《ようじょう》は「一七歳にして、身長八尺五寸（二〇四センチ）、腕は垂れると膝を過ぎ、武勇にすぐれて聡明であった」（『晋書』姚襄載記）とある。

また南朝の皇帝にもいる。陳《ちん》の高祖《こうそ》陳覇先《ちんはせん》は「身長七尺五寸（一八〇センチ）、額《ひたい》の左側が隆起した龍顔で、手を垂れると膝を過ぎた」（『陳書』高祖紀）とか、陳の宣帝陳頊《せんていちんぎょく》は「成長するに及んで、容姿が美しくなり、身長八尺三寸（一九九センチ）、手を垂れると膝を過ぎた」（『陳書』宣帝紀）と書かれる。

皇帝ばかりではない、陳の高宗の柳皇后は「容姿が麗しく、身長七尺二寸（一七二センチ）、手を垂れると膝を過ぎた」（『陳書』高宗柳皇后伝）とある。

反乱者も「膝を過ぎる」

この異形の系譜は、その後、隋唐では見当たらないが、唐滅亡後の五代十国になると復活する。前《ぜん》蜀《しょく》の王衍《おうえん》は「角張った顎《あご》と大きな口、手を垂れると膝を過ぎ、ふり返ると自分の耳を見ることができた」（『新五代史』前蜀世家王衍）と劉備とまったく同じ特徴を備える。これは明らかに蜀の皇帝だった劉備を踏まえたものである。また南漢《なんかん》の劉龑《りゅうげん》は「長ずるに及び騎射を善くし、身長七尺（二一七センチ）、手を垂れると膝を過ぎた」（『新五代史』南漢世家劉龑）とあり、劉龑ははじめ国号を大越《だいえつ》と称したが、翌年には漢に変更した。漢の国号と劉氏という姓から、劉備とのつながりを意識して「手を垂れると膝を過ぐ」のフレーズが採用されたのであろう。

おもしろいのは、反乱を起こした人物のなかにもこのフレーズを使用したものがいたことである。南朝宋で反乱を起こした王元初《おうげんしょ》は、仲間を集めて六合山《ろくごうさん》で皇帝を称し、みずから手を垂れると膝を過ぎると言った。州郡は討伐にあたったが、捕らえることはできず、十余年が過ぎた。李安民は軍を派遣して偵察し、王元初を生け捕りにし、建康《けんこう》の市で斬った（『南斉書』李安民伝）。王元初が皇帝を称したとき、「オレは手を垂れると膝を過ぎるぞ！」と言ったというのは、その光景を想像すると笑ってしまうが、それでも笑わずに付いていった人々がいたのである。隋末に反乱を起こして天子を称した楊元進《ようげんしん》も、両方の手のひらは長さ一尺（三〇センチ）余り、腕を垂れると膝を過ぎた（『北史』楊元進伝）という。

なお中国の度量衡は時代によってことなる。漢の一尺は約二三センチ、三国では約二四センチ、唐では約三一センチ、現代中国では約三三センチ。よっておなじ七尺といっても時代によって一六一センチから二三一センチまで開きがある。

中国皇帝は人臣の相ではない特殊な姿をしていた。皇帝となる人は一般人とは異なる姿をしていなければならない。突き出た額《ひたい》、角張った顎《あご》、大きな口、美しいヒゲ。これらは龍顔と称される皇帝の異形相に特徴的な要素である。これらの要素に『春秋演孔図』から「手を垂らすと膝を過ぐ」の仏の三十二相の要素を備えた孔子が加わる。この仏教の広まりは、西域出身の僧侶とそれを迎え入れた五胡十六国の胡族君主がもたらしたものである。

后妃の出家

皇帝が崩御すると、後宮の后妃たちはどうなるのか。皇帝の母にあたる皇太后や、皇子・皇女を生んだ女性は除いて、ほかの妃たちは強制的に出家させられたり、殉死《じゅんし》を命じられたという（関西中国女性史研究会編『中国女性史入門』人文書院、二〇〇五年）。その有名なエピソードとして、唐の則天武后《そくてんぶこう》を紹介しよう。

則天武后は一四歳のときその美しさをもって唐の第二代太宗の後宮に入り、才人《さいじん》（後宮のランクの一つで正五品）となったが、太宗が崩御すると出家して感業寺《かんぎょうじ》に入った。そこで高宗と運命的に出会い、後宮に召されて昭儀《しょうぎ》（正二品）となったと『旧唐書《くとうじょ》』則天武后紀に書かれている。

なおこのエピソードには不審な点があると氣賀澤保規氏はいう。二人の出会いは、太宗の病床でのことで、父の妃に一目ぼれした高宗は、彼女を自分の妻に迎えたいと考えたが、儒教道徳上それは許されない。そこで形式上、尼として出家させ、感業寺《かんぎょうじ》という名も知らない寺にあずけた。つまり俗世のしがらみをすべて断ち切るために出家が利用された（氣賀澤保規『則天武后』白帝社、一九九五年）。

この出家して尼となるというのは、仏教にもとづく行為であるから、中国に仏教が定着していなければ成立しない。そこで后妃の出家はいつから現れるのかを調べてみると、『晋書』列女伝に、五胡十六国の後涼《こうりょう》の呂紹《りょしょう》の妻の話がのっている。

呂紹の妻の張氏は操行があり、夫が亡くなると出家して尼となることを希望した。しかし呂紹の甥の呂隆はそれを認めず、妻にしようとしたため、張氏は辱《はずかし》めは受けないと誓い、高楼から身を投げて自殺した。一四歳であった。張氏は出家することで、呂隆から手出しされないと考えたのであろう。

その後、北魏になると皇后が出家する事例がでてくる。まずは孝文帝の幽皇后について見てみよう。文明太后の兄馮熙《ふうき》の娘二人が、孝文帝の後宮に入った。はじめ寵愛を受けたのは妹のほうで、皇后になったが、のち姉に寵愛が移った。姉の陰謀によって皇后の位を廃されて庶人とされた妹は、出家して尼となり、瑶光寺《ようこうじ》で亡くなった。この瑶光寺は洛陽城内にあって、後宮の女性たちや貴族の娘たちが逗留して修行する寺であった。

つづいて宣武帝の高皇后が、孝明帝の即位後、孝明帝の生母の霊太后によって皇太后の地位を追われて尼とされ、瑶光寺に幽閉されている。その後、高氏は霊太后によって暗殺され、尼として葬られた。

その霊太后も最後は尼となっている。爾朱栄が洛陽にせまると、孝明帝の後宮の女性は、霊太后によってみな出家させられた。霊太后自身もみずから髪を落とし尼となった。やはり出家することで爾朱栄によって危害をくわえられないようにしたのであろう。霊太后は爾朱栄に殺されたが、孝明帝の胡皇后は出家して瑶光寺に入った。どうやら死は免れたようだ。

ところがそれでも安心とはいかなかった。五三〇年（永安三年）爾朱兆《じしゅちょう》の部下が洛陽に入城したとき、秀容《しゅうよう》の胡騎数十人がこの寺に入って、姦淫の限りをつくした。そのため当時の人々は「洛陽の男子は急ぎ兵士の格好をしろ。瑶光寺の尼たちはこぞって婿《むこ》にするだろう」と囃《はや》し立てたと『洛陽伽藍記』にある。

このように、北魏では后妃の出家は行われているが、それは皇帝の崩御にともなうものではなく、俗世から離れて自身を守るため、あるいは俗世の権力から遠ざけるための手段であった。

では皇帝が崩御したのち、後宮の宮女たちはどうなったか。北魏の場合、宮女の多くはそのまま後宮にとどまった。太武帝の治世である四三五年（太延元年）に、道武帝と明元帝の宮女を出して結婚させたと『魏書』世祖紀に出てくることからすると、道武帝と明元帝の崩御後も宮女たちは後宮にとどまっていたことがわかる。

洛陽遷都後も状況はかわらず、宮女たちは皇帝の崩御後も後宮にとどまり続けたようである。ただし金墉宮《きんようきゅう》で死亡したものと洛陽宮で死亡したものの二種類がいたようで、金墉宮で死亡したものは、病気でここに収容されていたのではないかと考えられている（周一良『魏晋南北朝史札記』中華書局、一九八五年）。

そのほか、後宮に残った宮女のなかには、臣下に下賜されたり、六鎮の独身男に与えられることもあった。また病気や年老いて後宮を出されて家に帰されることもあった。

2　レビレートの系譜

中華の女性とレビレート

　さきに則天武后の出家の話を紹介したが、ここに胡俗が隠されていることに気づいただろうか。則天武后は、もともと父の妃だったのを息子の高宗が自分の妃とした。すなわち遊牧社会のレビレートが行われたことになる。ただし、遊牧社会ではごく一般的な行為であるが、則天武后は一度出家してから後宮に入るという裏技を使っていることからすると、さすがに堂々とやることはためらわれたのであろう。そのためらいの背後にはなにがあるのか。そこで、レビレートの事例について見ていくことにしよう。

王昭君の墓（青冢《せいちょう》）の前に置かれた王昭君と呼韓邪単于の像。フフホト市。著者撮影

　レビレートとは夫を亡くした女性が夫の兄弟と再婚することで、中華世界にはない風習である。中華では前漢の劉向『説苑《ぜいえん》』に「貞女《ていじょ》は二夫《じふ》を更《か》へず」とあるように、貞操を守る妻は二人目の夫を持たない、再婚はよろしくないとされており、これは儒教の影響が強いとみられている。一方、遊牧社会ではレビレートは夫の子と再婚する形も含め

て、広く行われていた。それは遊牧君主に嫁いだ漢人の女性に対しても行われた。そのため彼女たちは中華の風習と胡族の風習とのはざまで悩んだ。

例えば、匈奴の呼韓邪単于《こかんやぜんう》に嫁いで閼氏《あつし》（妃）となった王昭君《おうしょうくん》は、呼韓邪単于の死後に即位した呼韓邪単于の長子復株累若鞮単于《ふくじゅるいじゃくていぜんう》から妻になってほしいと言われた。そこで前漢の成帝《せいてい》に上書して帰国させてほしいと求めたが、成帝は「胡俗に従え」との勅書を出した。そこで王昭君は復株累若鞮単于の閼氏となった。

また烏孫《うそん》王昆莫《こんばく》に嫁いだ細君《さいくん》は、慣れない異国での生活に悲しみ、歌をつくった。

わが家はわれを天の一方に嫁がせ
遠く異国の烏孫王に託した。
穹廬《きゅうろ》を部屋とし、毛氈《もうせん》を壁とし
肉を食べ酪《らく》を飲む。
つねに本土を思い出して心の内は傷つく
願わくば黄鵠《こうこく》となって故郷に帰らん。

前漢の武帝はこの歌を聞いて憐れみ、使者を派遣して細君に帷帳《いちょう》・錦繡《きんしゅう》をおくった。年老いた昆莫《こんばく》は、孫の岑陬《しんすう》に細君を与えようとした。細君はそれを武帝に訴えたが、返事は「その国の習俗に従え。烏孫とともに匈奴を滅ぼそうとしているのだから」というものだった。そこで細君は岑陬に嫁いだ。

王昭君や細君がレビレートの対象となったのはなぜか。それは、前漢との同盟を維持するためであった。遊牧社会におけるレビレートの目的の一つは、部族同士の同盟を維持するというもの。君主の妻は他の部族から嫁いでくるため、妻を引き継ぐことで、その部族との同盟も継続されるのである。

中華に入ったレビレート

遊牧社会のレビレートが、中華世界に持ち込まれるのは、五胡十六国になってからである。前趙と前涼でレビレートの事例が見られる。前趙では、三代目の劉聡《りゅうそう》が初代劉淵の単《ぜん》皇后を妻に迎えている。初代劉淵が死ぬと、皇太子だった劉和《りゅうか》が二代目として即位した。劉和は自分の地位を狙う弟たちを殺していった。そこで反撃に出た劉聡が劉和を殺して三代目として即位した。このとき、劉聡は弟の劉乂《りゅうがい》に皇帝を譲ろうとした。それは劉乂が単皇后の子供で、正統な継承者と見なされていたからである。

ところが劉乂はそれを拒否した。劉聡が皇帝になりたがっていることを知っていたからであろう。そこで劉聡がとった行動が、単皇后を自分の妻とすることであった。『晋書』劉聡載記には「偽太后《にせたいこう》単氏は姿色絶麗、聡、烝《じょう》す」と書かれている。偽太后というのは、晋を正統王朝としているからで、五胡十六国の皇帝・皇后・皇太子はみな偽（ニセモノ）というフレーズがつけられる。

さらに「烝す」という言葉。これは私通することを言うが、自分より身分の上の女性と関係を持つことを「烝」といい、下の場合は「報」、同等の場合は「通」となる。劉聡にとって単皇后は上位身分の女性で、彼女と関係をもったので「烝す」と書かれた。だがその意味するところは、父の妻を息子が娶ったレビレートにあたる。

レビレートをした劉聡の目的は？　単氏が絶世の美女だったから。それだけではない。単氏は初代劉淵の皇后であり、かつ劉乂の母でもある。彼女を自分の妻にすることで、皇后の夫、すなわち皇帝の座が手に入り、かつ後継者と目された劉乂の父という立場も手に入る。二代目の劉和を殺して即位した劉聡にとって、自分の即位を正統化するために単皇后を妻に迎えることは必要だったのである。

同時に皇后が四人

劉聡が死んで、四代目の劉粲《りゅうさん》が即位した。すると劉粲は劉聡の妻たち四人を後宮に入れて皇后とした。同時に四人の皇后がたったのである。ふつう皇后は一人である。これには当時臣下から批判が出たが、反対を唱えた臣下を左遷することで封殺した。はじめは三人の皇后を立てたが、のちにもうひとり加えて四人となった。顔ぶれは、靳氏《きんし》（匈奴靳準《きょうどきんじゅん》の娘）、樊氏《はん》（皇后の侍婢）、宣氏（宦官宣懐《せんかい》の養女）、王氏（宦官王沈《おうちん》の養女）である。劉聡は、匈奴の名族の靳氏のほか、宦官を頼りに宗室劉氏に対抗した。

五胡の君主は皇帝とは言っても、部族を完全に従わせるだけの絶対的な権力を持っていたわけではない。そこで劉粲は、皇帝の支持者を増やすために宦官を優遇するなどの手段を取り、さらに劉粲は父の権力基盤を継承するために、レビレートを行ったのである。しかし『晋書』劉粲載記の書き方は、批判的である。

劉粲が偽位をついだ。劉聡の靳皇后を皇太后とし、樊氏を弘道皇后、宣氏を弘徳皇后、王氏を弘孝皇后と号した。靳氏らはみな二〇歳以下で、国内第一の美人であった。劉粲は朝から晩まで後宮で彼女たちと烝淫し、心に哀れみはなかった。

この書き方では、劉粲はただの淫乱な君主である。『晋書』は胡族君主の劉粲を淫乱な暴君として書くが、歴史研究者としては、文章の裏に潜む真実に目を向けなければならない。劉粲は美女好きだったからレビレートをしたのではなく、自己の権力基盤を固めようとしたのである。

北魏では、レビレートが行われたことをはっきりと示す史料はない。まえにふれた南朝の史料にみえる明元帝の慕容皇后が、かりに道武帝の慕容皇后だとすれば、レビレートが行われたことを推測させるが、これとて確証があるわけではない。道武帝の慕容皇后がいつ死去したのか『魏書』に明記されていないことが、かえってレビレートがあったのではないかと疑わせるが、明確な証拠はない。

北斉になるとふたたびレビレートの事例がでてくる。以下に示すと、

（一）初代神武帝（高歓）の妻蠕蠕公主《ぜんぜんこうしゅ》を息子の文襄帝《ぶんじょうてい》（高澄《こうちょう》）が妻とした。
（二）文襄帝の元皇后を弟の文宣帝《ぶんせんてい》（高洋《こうよう》）が妻とした。
（三）文宣帝の李皇后を弟の孝昭帝《こうしょうてい》（高演《こうえん》）が妻とした。
（四）孝昭帝の昭信皇后（もと李皇后）を弟の武成帝《ぶせいてい》（高湛《こうたん》）が妻とした。
（五）孝昭帝の元皇后を弟の武成帝が妻とした。
（六）文宣帝の後宮の女性を弟の武成帝が自分の後宮に入れた。

このうち、（一）の蠕蠕公主は柔然可汗の阿那瓌《あなかい》の娘で、東魏との同盟のために迎えられた。よって、同盟を継続するためのものである。『北斉書』文襄紀には「文襄、蠕蠕の国法に従い、公主を烝す」と書かれており、遊牧民の風習に従ったものである。その他の五つはいずれも皇帝の代替わりごとに実施されており、その対象が先帝の皇后であることで一致する。そこから先代の皇后を引き継ぐことで、後継者としての正統性を確保する目的が透けて見える。

煬帝おまえもか

つぎは隋の煬帝《ようだい》の例である。煬帝は父文帝の二人の妃、宣華夫人《せんかふじん》の陳氏《ちんし》と容華夫人《ようかふじん》の蔡氏《さいし》を妻とした。そのうち陳氏のケースは『隋書』后妃伝に詳しく書かれている。

陳氏は南朝陳の宣帝の娘で、聡明で、姿貌は無双。陳が滅んで、後宮に入れられ嬪《ひん》（正三品）となった。文帝の独孤皇后《どくここうごう》は嫉妬深く、後宮の女性で寵愛を受けるものはほとんどいなかったが、陳氏だけは特別だった。晋王広《しんおうこう》（のちの煬帝）は皇太子の地位をえるため陳氏に黄金の蛇やラクダなどをおくって援助を求め、その甲斐あって皇太子になれた。

独孤皇后が崩御すると、陳氏は後宮を取りしきった。文帝は病気のため仁寿宮《じんじゅきゅう》で療養し、皇太子と陳氏が看病にあたった。陳氏が夜明けに着替えのために部屋を出ると、皇太子にせまられたため、拒んで文帝のもとに駆け込んだ。文帝は陳氏の様子がおかしいことに気づき、理由を問うと、皇太子が無礼をはたらいたと告げた。そこで廃太子の勇を呼び寄せ、復位させようとしたところ、皇太子が機先を制し、張衡を文帝の病室へむかわせて殺してしまった。

陳氏も殺されるとビクビクしていると、皇太子から箱が届けられた。毒薬だと思った陳氏は開封しなかった。使者に促されてようやく開けると、なかに指輪が入っていた。陳氏は怒りのあまり座り込み、感謝の言葉はなかった。宮女たちに促されてようやく使者に礼を述べた。その夜、皇太子は陳氏を烝した。

話としては面白いが、少し作為の跡が目立ちすぎるようだと宮崎市定『隋の煬帝』(中公文庫、一九八七年)はいう。皇太子広による文帝の暗殺はなかったとも指摘している。私もこの話は臨場感たっぷりでドラマ仕立てであると思う。

ただ、煬帝が文帝の妃である宣華夫人陳氏を妻としたことには意味がある。母の独孤皇后が亡くなったあと、後宮を取りしきっていたのは陳氏である。陳氏を妻とすることで、後宮の支持を得ようとしたのではないか。じつはもうひとり、煬帝が妻に迎えたのが容華夫人蔡氏である。蔡氏も南朝陳の滅亡後に文帝の後宮に入った。独孤皇后が亡くなったあと、陳氏と二人で後宮を取りしきったという。蔡氏は文帝が崩御したあと、みずから申し出て煬帝が妻としている。従って、煬帝が二人を妻に迎えたのは、美貌とかではなく、彼女たちの後宮における地位と権力が関係しているのである。

五胡十六国から中華世界に持ち込まれたレビレートの事例をみてわかることは、先代の后妃を収めることが自身の皇帝継承の正統性につながっていることである。また後宮を抑える意味合いもあったようだ。

しかし最初に紹介した唐の高宗の場合はどうか。高宗の場合は、皇太子から即位しており、正統性を高める必要はない。高宗は則天武后が気に入ったことから、出家という裏技を使って自分のものにした。だから「烝す」というレビレートを堂々と行うことはできなかったと私は考える。

出家という裏技で他人の妻を自分のものにした皇帝がもうひとりいる。唐の玄宗である。なんと玄宗は息子の妃であった楊氏を自分のものにするため、一旦、女道士（楊太真）として出家させたうえで、後宮に迎えた。それが楊貴妃である。出家が俗世との関係を断つために利用された。

3　煬帝の宮廷料理

新たな中華料理

遊牧社会の風習を色濃く残した隋の煬帝はどんな料理を食べていたのか。煬帝の尚食直長《しょうしょくちょくちょう》（宮廷料理長）だった謝諷《しゃふう》が書き残した『食経《しょくけい》』（『清異録《せいいろく》』に収録）に五三種類の料理が掲載されている。どんなメニューか見てみよう。『食経』に掲載されている料理を調理方法で並べたものが以下のものである。なお調理方法がわからないものは素材や調味料で分類した。

○膾《なます》（なまの肉や魚と野菜を細切りにして酢に浸したもの）八種

北斉武威王生羊膾・飛鸞膾・咄嗟膾・専門膾・拖刀羊皮雅膾・天孫膾・天真羊膾

魚膾永加王特封

粉をひき、麺を作る女性たちの泥俑。唐代。新疆ウイグル自治区トルファン県アスターナ201号墓出土。新疆ウイグル自治区博物館蔵

○烙《らく》（弱火であぶる）・炙《しゃ》（強火であぶる）四種
烙羊成美公・龍鬚炙・乾炙満天星・金装韮黄艾炙
○蒸《じょう》（むす）一種
露漿山子羊蒸
○飯《はん》（穀物を蒸したもの）・鮓（なれずし）三種
越国公砕金飯・新治月華飯・虞公断醒鮓
○餅《へい》（穀物粉をこねたもの）・麺《べん》（めん）・餤《たん》（クレープ）・䭔《たい》（蒸しもち）・糕《こう》（こなもち）一四種
滑餅・千金砕香餅子・雲頭対炉餅・楊花泛湯糝餅・乾坤夾餅・含醤餅・撮高巧装檀様餅
君子飣
湯装浮萍麺
急成小餤・朱衣餤
象牙䭔
花折鵝糕・紫龍糕
○羹《こう》（肉と野菜スープ）・臛《かく》（肉スープ）・湯《とう》（具なしスープ）七種
細供没葱羊羹・剪雲析魚羹・折筋羹・香翠鶉羹
十二香点臛・金丸玉菜臛鱉

春香泛湯

○肉・魚など一〇種

交加鴨脂・剔縷鶏・高細浮動羊・修羊宝巻・白消熊・蓮珠起肉・魚羊仙料・無憂腊

加料塩花魚屑

蔵蟹含春侯

○酒《さけ》・醬《ひしお》・乳《ちち》・酥《そ》（バター）六種

爽酒十様巻生・千日醬・帖乳花面英・加乳腐・添酥冷白寒具・暗装籠味

いまの中華料理もそうだが、メニューを見ただけではどのような料理か想像するのは難しい。私事で余談だが、二〇〇九年のことだったと思う。上海の南京東路《なんきんとうろ》にある広東料理で有名なレストランにいった。菜譜《さいふ》（メニュー）に日本語の説明が書いてあったのでホッとしたのも束の間。よく見ると日本語の説明がとんでもないことになっていた。古老肉《グーラオロウ》（酢豚）は「甘辛く煮た老婆の肉」となっている。恐ろしくて食べられない。

煬帝のお気に入りは？

さて、煬帝の料理の材料をみると、羊が多いことに気づく。熊もある。一方、牛や豚は見当たらない。肉と書かれる料理がそれにあたるのかもしれない。犬もない。犬がないのは当然と思うかもしれないが、漢代以前は犬はよく食べられていたし、おそらく漢の皇帝も食べていたと思われる。その傍証として、前漢景帝の陵墓である陽陵《ようりょう》には羊・山羊と一緒に犬の陶俑がズラリと並んでいる。これはペットではない。明らかに食用の家畜である。しかし、隋の宮廷には、犬を食用としない遊牧民の風習がおよんでいたと思われる。

ついで鳥と魚である。鳥は鶏（にわとり）・鵝（がちょう）・鴨（かも）・鶉（うずら）があり、これらが当時、一般的に食べられていたことは、北魏の賈思勰《かしきょう》の『斉民要術《せいみんようじゅつ》』にも出てくるのでわかる。魚は『斉民要術』をみると淡水魚がおもで、鯉（コイ）・鯽（フナ）・鱧（ライギョ）・鮎（ナマズ）・蟹（カニ）・鼈（スッポン）がみられる。

それから餅の種類が多い。餅という言葉の指す意味は広く、穀物を粉末にしてこねたものをすべて餅という。コムギが本格的に栽培されるようになるのは前漢のころとされているが、そのころ餅という語が史料にも登場するようになる。さらに南北朝になると史料にも麺が登場する。このころコムギの粉食は種類も豊富となり、主食の座を占めるようになったと言われている（張競『中華料理の文化史』ちくま文庫、二〇一三年）。

加乳腐というのは、チーズのことであろうか。『斉民要術』には乳製品として酪《らく》（ヨーグルト）・乾酪《かんらく》（ウルム）・漉酪《ろくらく》（チーズ）・馬酪酵《ばらくこう》（馬乳チーズ）・酥《そ》（バター）の五種類が掲載されている。それによると、搾った乳を鍋に入れて弱火で加熱する。乾燥した家畜の糞《ふん》を燃料にすると火の調節がうまくいくらしい。加熱しながらゆっくり攪拌《かくはん》する。ただし円を描くように攪拌してはいけない。十字を切るように縦横にまぜる。四、五回沸騰したら、浅い盆にあける。冷えたら表面の乳皮をすくい、別の容器に入れる。こちらは酥の原料となる。つぎに袋に加熱した乳を入れて濾過《ろか》し、素焼きの瓶に入れてねかせる。こうして酪ができる。酪をねかせるには体温より少し温かいくらいが適温である。この酪を天日にさらすと酪の表面に乳皮ができるから、それをすくい、鍋にかけてから浅い盆にあけて、天日にさらす。半乾きになったらまるめて団子状にして天日にさらす。こうして乾酪ができる。乾酪は腐らないから遠出の旅に用いられる（田中静一・小島麗逸・太田泰弘編訳『斉民要術　現存する最古の料理書』雄山閣出版、一九九七年）。乳製品の加工には遊牧民の知恵がつまっている。

『食経』に記された煬帝の料理には果実がない。しかし『斉民要術』には、桃《もも》・李《すもも》・棗《なつめ》・梨《なし》・柿《かき》など様々な果実が掲載されていることからすれば、煬帝も食べていたであろう。もちろん酒も飲んでいたはずである。

4　唐の「宮楽図」

「はじめに」でも少し紹介した「宮楽図」をあらためてじっくり眺めてほしい（一二頁、一九五頁）。イスに腰かけた女性たちがテーブルを囲んで飲み物を飲んだり、楽器を演奏したりしている。テーブルの下には犬がうずくまっている。これは唐代に描かれた「宮楽図」を宋代に描きなおした模本《もほん》で、現在は台北の故宮博物院に収蔵されている。この絵には唐の中華が描かれている。どこに唐の中華が見て取れるか。それはイスとテーブル、胡琵琶、ペットとしての犬、そして女性たちの化粧と服装である。これらは漢の中華にはないものである。では、これらはどのように中華として定着していったのか。具体的にみていこう。

胡床・胡坐——腰掛の変遷

漢までの中華世界では、席《せき》という草を編んだものや毛織物の敷物のうえに跪座《きざ》するのが礼儀上正しい座り方とされた。そののち、床《しょう》(榻《とう》・牀《しょう》)が登場する。現在、中国語で床《チュアン》というとベッドを指すが、当時の床は座るための道具で、足の短いベッドのような形をしている。なお当時はベッドのことも床といった。『三国志』関羽伝に「先主は関羽・張飛と寝るときは牀を同じくした」とある。そこを読んだ学生が、劉備たちは床《ゆか》に雑魚寝していたんですねって言ってきた。床はゆかではなく、ベッドのことだよと言ったら、ベッドに男三人ってむさくるしいですねというので、劉備が二人を大事に思っている証拠だよといったら納得したようだった。

なお秦の始皇帝の玉座はイスではなく、御床《ぎょしょう》という豪華に装飾された足の短いベッドだったのである。漫画「キングダム」でもそのように描かれている。ただ野外の軍議では、桓騎《かんき》が背もたれのついたイスにふんぞり返り、目の前のテーブルに足をのせているが、これは作中の脚色だろう。秦漢時代には背もたれイスはまだない。

後漢末の霊帝が、胡服《こふく》・胡帳《こちょう》・胡牀《こしょう》・胡坐《こざ》・胡飯《こはん》・胡箜篌《こくご》、胡笛《こてき》、胡舞《こぶ》など胡俗を好んだので、洛陽の貴族たちが競ってまねしたという話が『後漢書』五行志にある。五行志では、それは「服妖《ふくよう》」といって悪いことがおこる前兆としている。案の定、その後、董卓《とうたく》が胡兵を率いて洛陽に乗り込み、掠奪を働き陵墓を盗掘した。やっぱり悪兆通りになった。

このなかに胡牀と胡坐が出てくる。胡牀は胡床つまり腰掛のこと。胡坐は「あぐら」のことではなく、足を垂らして座るスタイルをさす。『南斉書』魏虜伝に、「北魏の皇帝と后妃は外出するときには、銀で飾った羊の車に乗り、帷幔《いまん》はつけず、みな足を轅《ながえ》のなかに垂らして座る。宮殿でも足を垂らして座る（跂《き》拠《きょ》）」とあって、北魏の皇帝や后妃は宮中でも足を垂らして座っていたということは、足を垂らすことができる腰掛に座っていたわけであるが、それが胡床である。雲崗石窟の第六窟の維《ゆい》摩《ま》像《ぞう》は胡服をきて胡床に座っている。足を垂らして座れるのだから、床の足もそれなりに長くなった。

胡床は縄床《じょうしょう》とも呼ばれ、座面が縄で編まれた折り畳み式の腰掛もあり、背もたれはない（呂一飛『胡族習俗与隋唐風韻』書目文献出版社、一九九四年）。墓に描かれた壁画を見ていくと、背もたれつきの椅子が登場するのは唐の玄宗期の高元珪墓《こうげんけいぼ》の壁画がもっとも古く、唐末五代になると広く使用されるようになり、宋代ではすっかり定着する（西澤治彦『中国食事文化の研究』風響社、二〇〇九年）。

ソグド人の胡琵琶

後漢の劉熙《りゅうき》の『釈名《しゃくみょう》』に、「枇杷《びわ》はもと胡の中より出る。馬上で鼓《つづ》むものである。手を前に出すのを枇、手元に引くのを杷といい、鼓む様子にもとづいて名付けた」とある。枇杷＝琵琶は楽器を指ではじいて演奏する様子から名付けられたもので、胡人が馬上で演奏する楽器を指す。三国時代の魚豢《ぎょかん》の『魏略《ぎりゃく》』のなかに、游楚《ゆうそ》という人物が、学問をせず、遊びと音楽が好きで、歌手をやとって琵琶《びわ》・箏《こと》・簫《ふえ》をたずさえて外出の際にお供させたという話が出てくる。後漢から三国時代にかけて、琵琶が

「宮楽図」の胡琵琶を弾く女性（左）

使われ始めたことがうかがえる。

北朝から隋唐にかけては胡琵琶が流行した。胡琵琶という用語がこの時期にかぎって史書に登場することからもそれが裏付けられる。胡琵琶はソグド人によって中国へもたらされたものと考えられる。『北史』恩幸伝に曹僧奴《そうそうど》・曹《そう》妙達《みょうたつ》親子が胡琵琶の演奏が得意で出世したことが載っているが、曹氏はカブーダン（曹国）出身のソグド人が名乗った姓である。おなじ『北史』恩幸伝では北斉の後主のとき出世したソグド人のことを「胡小児」と総称しているが、かれらはいずれも康（サマルカンド）・何（クシャーニヤ）・史（キッシュ）などのいわゆるソグド姓をもった金持ちの子弟や音楽や舞踏の才能をもった人々として描かれている（栄新江『ソグドから中国へ』汲古書院、二〇二一年）。

『顔氏家訓』にみる「北の風習」

さらに北斉の顔之推《がんしすい》の『顔氏家訓《がんしかくん》』のなかに、胡琵琶についておもしろい話がある。

北斉に、ある士大夫がいた。あるとき、その方がわたしにこんな話をしたことがある。「私には男の子が一人おりまして、歳は一七になりましたが、手紙の書き方などよくできる。そこで鮮卑語と琵琶の弾き方を教えたところ、だんだん上達してきました。この二つをもって大臣たちに仕えれば、きっと気に入られることでしょう。これも出世には大事なことです」

そのときわたしはうつむいて返事をしなかった。しかしまったく変な話だ。この方の教育方針は。もしこのような方法で大臣（高官）になれたとしても、お前たちにまねて欲しくはない。

顔之推は南北朝から隋にかけて、壮絶な人生を送った人である。はじめは南朝梁に仕えていたが、西魏に攻められて梁が滅ぶと捕虜となり、長安に連行された。その後、妻子をつれて皮袋のイカダにのって黄河を下って北斉へ亡命した。当時、北斉は梁を復興させようとしていたので、帰国できると期待したのである。しかし梁の復興は実現されず、顔之推は北斉の鄴に留まった。やがて北斉が北周に滅ぼされると、顔之推はふたたび長安に連行される。そして北周が隋にかわり、隋が南朝の陳を併合して中華統一を果たした二年後（五九一年）この世を去る。梁・西魏・北斉・北周・隋と五つの王朝をわたり歩いた。激動の時代を生き抜いた顔之推が、子孫たちに残したのが『顔氏家訓』であり、現存する最古の家訓書として、日本でもよく読まれた。

『顔氏家訓』がおもしろいのは、当時の貴族の家庭内における様々なルールや、貴族の考え方を知ることができるところにある。例えば、名前の付け方について、北朝では自分の息子に驢（ロバ）とか、駒（わかこま）とか、豚子（ぶたのこ）などと命名する例がある。こんな名を自分から名乗ったり、兄弟たちから呼ばれたりするのは、やはりたまったものではないと言っている。

またかれは南朝貴族であったから、南朝の貴族社会と、のちに仕えた北朝の社会との違いを記している。江南では女性はほとんど社交をしない。婚姻関係のある家同士でも顔を合わせたことがなく、使者をつかわして丁寧にあいさつを交換するだけですましている。

一方、北斉の鄴では、女性たちは訴訟をおこしたり、有力者の家に押しかけていって、盛んに頼みごとをする。彼女たちの馬車で道路が渋滞し、着飾った婦人が役所につめかけて、息子のために就職活動にはげみ、夫の出世が遅れているといって陳情したりする。こうした風潮は、北魏の平城時代の遺風であろうと、女性の南北差について書き残してくれている。

出世の近道として

北斉で胡琵琶が流行したことは、『北斉書』にも書かれている。ソグド商人の子孫である和士開《かしかい》も胡琵琶の演奏が得意であったことから、皇帝に気に入られて出世した。北斉最後の皇帝（後主高緯《こうい》）もみずから「無愁《むしゅう》の曲」を胡琵琶で演奏し、一〇〇人で歌ったことから無愁天子と呼ばれた。

北周の武帝は北斉を平定したあと、雲陽宮《うんようきゅう》で旧北斉の君臣をあつめて宴会を開いた。そのとき、武帝みずから胡琵琶を弾き、北斉の宗室高孝珩《こうこうこう》に笛を吹くように命じた。高孝珩は「亡国の音楽をお聞かせするわけにはいきません」と辞退した。それでも武帝は笛を口元に押し当てた。高孝珩が嗚咽をもらして泣いたため、武帝はそれ以上無理強いするのはやめた。なんとも胸が痛む話であるが、北斉・北周の皇帝がともに胡琵琶の演奏が得意というのは、この時代を象徴する光景である。北斉で出世するためには鮮卑語と胡琵琶の修得が近道であったようだ。

食用からペットへ

犬が食用として飼育されていたことは、新石器時代にすでにみられる。それからずっと、犬肉は食用として、中国人の食卓に上ってきた。ときには祭祀の牲《いけにえ》として供されたりもした。「献」という字は、「犬を宗廟に供える」という意味であるから、「犬」の字が用いられていると現存最古の漢字辞典『説文解字《せつもんかいじ》』にある。

前漢の高祖劉邦に仕えた樊噲《はんかい》は屠《と》狗《く》をしていたと『漢書』樊噲伝にあるが、その部分に唐の顔師古《がんしこ》が注釈をつけて「漢の人が狗を食べるのは羊や豚と同じだった。だから樊噲は狗を屠《ほふ》って売ることを専門としていたのだ」と書いている。唐の顔師古からすれば、漢の人が狗を食べることを特別だと感じている。でなければ、わざわざ「羊や豚と同じように狗を食べていたんだぜ、漢のやつら」と注をつける意味はない。

前漢景帝の陽陵にも犬の陶俑がズラリと入れられている。皇帝があの世で食べるのに不足しないように、鶏・羊・豚・山羊などと一緒に埋葬されたのだ。

さて、中華世界では、新石器時代からずっと犬肉を食用としてきたわけだが、それがしだいにタブー視されるようになったようである。そのきっかけは、犬をパートナーとする遊牧民が中華世界に入ってきたことと関係があるとされる（張二〇一三）。

王沈『魏書』烏丸伝に、烏丸の習俗として、犬が死者の魂を赤山に導くという話が出てくる。また、匈奴や鮮卑の墓には、馬や牛とおなじく犬を主人と一緒に埋葬するものもみられる。このことからも、遊牧民が犬を大切にしていたことがうかがえる。

もちろん、漢人のなかにも犬を飼っている人もいた。東晋の干宝《かんぽう》『捜神記《そうじんき》』のなかに忠犬の話が出てくる。そのうちのひとつを紹介しよう。

三国呉のとき、李信純《りしんじゅん》という人がいた。襄陽郡紀南県《じょうようぐんきなんけん》(湖北省)の人である。家に黒竜という犬を飼っていた。たいそうかわいがり、いつもそばに置いて食事も分け与えていた。ある日、李信純は城外で酒を飲んで酔っ払い、草むらで眠ってしまった。そこへ太守《たいしゅ》の鄭瑕《ていか》が狩りに出て、従者に命じて草むらに火をつけさせた。信純が寝ているところは、ちょうど風下で、火がせまるなか、犬が信純の着物を引っぱったがビクともしない。そばに川があり、犬は川まで走っていくと水の中に飛び込み、ぬれた体で主人のもとにもどると、ブルッとからだをふるわせて水をまいた。こうして主人を救うことができたが、犬は疲れはてて、主人のわきに倒れて死んでしまった。

やがて目を覚ました信純は事情を察して声をあげて泣いた。このことを聞いた太守は哀れに思い、「犬の報恩は人間よりもりっぱである。恩を知らぬ人間は犬より劣るであろう」と、棺桶など用意してこの犬を葬ってやった。いまでも紀南県には高さ一〇丈あまりの「義犬の墓」がある。

李信純が飼っていた黒竜はおそらく狩猟犬であろう。日本のマタギのように犬をパートナーとして生活する人にとっては、もちろん大切な存在である。ただ漢人社会一般においては、このような人は少数で、多くの人にとって犬は食用だった。

それが、遊牧民が中華世界に入ってきたことで、徐々に認識が変化していった。北魏の『斉民要術』には、犬肉の料理が一つだけ出てくるが、これは過去のメニューを紹介したものであって、当時のものではない。すると、北魏のころにはすでに犬肉を食べることは少なくなっていたと思われる。そして隋の煬帝のメニューにも登場しないし、唐の韋巨源《いきょげん》の『食譜《しょくふ》』にも犬肉の料理は出てこない。

さらに『新唐書』劉悟伝《りゅうごでん》には、劉悟が不良少年に従って殺人や狗殺しなどやりたい放題に法を犯し、河南の獄につながれたと書かれている。もはや狗殺しは殺人と同じく悪いこととされている。

「唐の中華」は日本にも

このようにして「宮楽図」に描かれる唐の中華世界が完成した。魏晋南北朝をつうじて、胡族が中華世界に持ち込んだ胡俗が、唐では中華を代表するものとなった。

なお唐の壁画や俑には、馬に乗った女性が多く登場する。これも五胡十六国から北朝にかけて持ち込まれた胡俗が受け継がれたものである。五胡十六国の後趙では、石虎が着飾った女性の騎馬隊一〇〇〇人をつれて出かけたという。また北魏でも、皇太后が出かけるときには鎧をつけた女性が騎乗して警護にあたった。

さらにディズニーの長編アニメーション「ムーラン」も、北魏時代の「木蘭詩《もくらんし》」がもとになっている。内容は、少女木蘭《ムーラン》が年老いた父親のかわりに男装して出征し、戦功をあげて故郷に凱旋する。兵装を解いて化粧した姿をみた戦友は、木蘭が女性であるとはじめて気がつくというものである。

こうした伝統が唐の騎馬女子となった。また唐の周昉《しゅうぼう》の「簪花仕女図《しんかしじょず》」には着飾った美しい女性が犬をじゃらす場面が描かれている。犬は宮廷女性のペットとなっていた。

遣唐使を通じて日本に持ち込まれた唐物。そのなかには、国家制度として、律令、均田制や租庸調制、長安をモデルとした都城など唐の制度があった。その一方で、正倉院の螺鈿紫檀五絃琵琶《らでんしたんのごげんびわ》にみられる唐物文化もあった。それらは当時の中華世界を代表する制度・文化だったのであり、その唐の中華の一端を創造したのは、夷狄とされた拓跋部の人々だったのである。

5　拓跋部のゆくえ

元氏はつづく

拓跋部はその後、どうなったのか。北魏が東西に分裂したあとも、拓跋氏は東魏・西魏の皇帝として擁立された。しかし東魏から北斉にかわると、拓跋氏は用済みとして殺されてしまった。

一方、西魏からかわった北周では、宇文氏と婚姻関係を結んだため、政権の中枢である八柱国に一人（拓跋欽《たくばつきん》）、十二大将軍に三人（拓跋贇《たくばつさん》・育《いく》・廓《かく》）が残った。なお拓跋氏は、孝文帝のとき洛陽に移住し、それ以降の拓跋氏は元氏と改姓し、河南または河南洛陽を本籍地とした。

唐の穆宗の宰相で詩人としても有名な元稹《げんしん》は『旧唐書《くとうじょ》』に「河南人なり。後魏の昭成皇帝は元稹の一〇代祖なり」と書かれている。女真《じょしん》の建てた金《きん》に仕えた元徳明《げんとくめい》・元好問《げんこうもん》の父子は「家系は拓跋魏に出る。太原秀容の人なり」と、北魏の拓跋氏の子孫と称している。モンゴルの元《げん》に仕えた元明善《げんめいぜん》も「その先、蓋《けだ》し拓跋魏の裔《えい》なり」とされているが、かれらはいずれも中国の古典教養を学び、たくみに漢文の文章を書きこなす漢族になっている。一方で、一一世紀、オルドス地方に西夏《せいか》を建てた党項《とうこう》（タングート）の君主李元昊《りげんこう》も、もとの姓は拓跋氏を名乗った。そののち唐に帰順したことから唐の帝室の李姓を賜った。

　拓跋部に所属した拓跋氏（元氏）以外の人たちはどうなったか。北魏前期には、代人集団として支配者層を形成した。孝文帝が洛陽に遷都すると、孝文帝とともに洛陽に移住して河南洛陽人となり、胡族と漢族の家柄をランク分けした「姓族詳定」によって新たな支配者層を形成した。拓跋部を構成した帝室十姓のなかで、とりわけ抜抜氏《ばつばつし》（長孫氏《ちょうそんし》）と達奚氏《たつけいし》（奚氏《けいし》）は、北周・隋・唐にわたって子孫が栄達した。なかでも唐の太宗・高宗に仕えた宰相の長孫無忌《ちょうそんむき》は出世頭であろう。『旧唐書』長孫無忌伝には、「河南洛陽の人。その先は後魏献文帝の第三兄なり。はじめ拓跋氏となり、魏室に力を宣《の》ばし、功は最も多きに居り、大人の号を世襲し、のちに跋氏に更《あらた》め、宗室の長たりて、姓を長孫氏に改《あらた》める」と書かれている。しかし、長孫氏は献帝のときに分かれた七族であって、献文帝の第三兄とするのは誤りである。また長孫氏と改める前は拓跋氏を称していたというのも誤りで、抜抜氏が正しい。

　このように『旧唐書』には、長孫氏の起源について誤った情報が書かれているのだが、長孫無忌の七世祖が北魏の長孫道生《ちょうそんどうせい》であることは確実で、その子孫は北魏・西魏・北周・隋にわたって高官を輩出している。長孫無忌は、唐の太宗（李世民《りせいみん》）と幼い頃から親友で、太宗が兄で皇太子の李建成《りけんせい》を殺害した玄武門《げんぶもん》の変《へん》に参加したことで信任され、宰相にのぼりつめた。

誇るべき家柄

拓跋部の部族連合に参加した人たちはどうなったか。一つは孝文帝に従って洛陽に移住して河南洛陽人になった。このグループに属した人たちは、孝文帝の姓族詳定によって中下層に位置づけられた。もう一つは、代人として北方にとどまった。このなかには文成帝のときに六鎮に移住したものもいた。北魏末におきた六鎮の乱は、中下層に追いやられた旧代人たちの不満が暴発したものである。そこで六鎮の乱のあと、こうした旧代人が政権の上層に位置することになった。彼らの子孫のなかには、隋・唐でも活躍する人がいるが、本籍を代人とするものと、河南洛陽人を称するものとがいた。

唐代に編纂された『貞観氏族志《じょうがんしぞくし》』や『元和姓纂《げんなせいさん》』などの家柄リスト本にも、代人と河南洛陽人とが掲載されている。このことは何を意味するのか。唐において官僚を輩出する家の出自をたどると、北魏前期の代人につながる家と、北魏後期の河南洛陽人につながる家があることを示している。同時に、その家柄は、胡族として蔑まれるものではなく、逆に誇るべき家柄とされているのである。唐では胡族の家柄も漢族の家柄も同列に扱われている。それは孝文帝がめざした姓族詳定が達成された姿でもある。孝文帝は胡族と漢族をあわせた国家を夢見た。北魏ではそれは実現しなかったが、北斉・北周・隋・唐をへてようやく胡族と漢族をあわせた国家が完成したのである。

拓跋氏をはじめとする北魏建国に関わった北方遊牧民の子孫たちは、北魏以降、中国社会のなかに溶け込んでいき、漢人の知識人と同じように古典教養を身につけ、漢語を話し、漢文をつづり、漢服を着た。そのため鮮卑語や胡服はなくなった。その意味では漢化したのであるが、一方で、拓跋氏の子孫である、または北魏に参加した胡族の子孫であることに誇りを持っていた。

隋唐以降、拓跋氏の子孫であること、北魏に参加した胡族の子孫であることが誇れる家柄として中国社会に定着したのである。

おわりに――なぜ中華文明は滅びないのか

北京秋天《ペキンしゅうてん》、一〇月に北京を訪れるのはうれしい。夏の蒸し暑さがきえ、秋のさわやかな空気に包まれる。そして王府井《ワンフージン》の東来順飯荘《とうらいじゅんはんそう》で羊のしゃぶしゃぶを食べる。至福のときである。内モンゴルの草原から肥えた小羊が運ばれてくる。羊が一番おいしい季節でもある。

中華料理は、世界三大料理に数えられるように、世界的に広まった料理であるが、高価な中華料理だけでなく、庶民のグルメとしても人気がある。ラーメン、肉まん、餃子がその代表格であるが、これらはすでに日本でも普通に見かけるし、中華料理というより、日本の生活の一部となっている感がある。

ところで、ラーメン、肉まん、餃子に共通するのは何でしょう。正解は小麦を粉末にしたものを使っていること。では、小麦の粉食はいつからはじまるのか。孔子《こうし》はラーメンを食べたか。始皇帝は餃子を食べたか。諸葛孔明《しょかつこうめい》は肉まんを発明したと言われるが（宋の高承《こうしょう》『事物紀原《じぶつきげん》』饅頭《マントウ》）、本当か。

一方、隋の煬帝《ようだい》はラーメン、肉まん、餃子を食べた可能性が高い。新疆ウイグル自治区トルファンのアスターナ古墓から唐代の餃子が見つかっている。小麦の栽培が華北で本格化するのは漢代で、魏晋時代には胡餅《こへい》が文献にも登場するようになる。だから諸葛孔明が肉まんを発明することは、時期的には可能である。ただ、この話はあの偉大な孔明が発明したとする伝説的な要素が強い。

それはともかく、小麦の粉食は、魏晋南北朝から隋唐にかけて爆発的に広がり、種類も豊富になった。なぜそこまで広まったのか。それはいろいろな料理に使える多様性によるものであろう。

小麦をひいて、水と一緒にこねて、まとめる。それをしばらく寝かしてから、細くのばせば麺《ミエン》になる。拉麺《ラーミエン》の拉とはのばすという意味。削ってもいい。刀削麺《とうしょうめん》である。また薄くのばして肉を包めば、包子《バオズ》、餃子《ジャオズ》。なにも入れずに蒸せば饅頭《マントウ》。さらに薄くのばしたものを窯で焼けば芝麻餅《ジーマービン》、粉を水にとかして鉄板の上で薄くのばして焼けば餤《たん》（クレープ）。そのうえに具材をのせて包むと庶民の朝ごはん煎餅《チェンビン》。といったように、バリエーションの豊富さが小麦の粉食の広がりを支えた。

本書でも、隋の煬帝のメニューを紹介したが、そのなかに多くの種類の餅が出てきた。餅は穀物を粉末にした料理の総称であって、日本でいうオモチだけではない。隋代に餅の料理が多く登場したのは、この時代に小麦が主食の座を占めたからである。それと羊の料理。孔子や始皇帝も羊を食べたが、それ以上に羊料理の種類も増えた。

一方、消えた料理がある。犬肉の料理である。現在の中国でも、東北地方などでは犬肉料理は食べられる。私も瀋陽《しんよう》で食べたことがあるが、提供しているのは漢民族ではなく、朝鮮族の人たちである。漢民族は隋唐を境に犬肉を食べなくなっていった。その背景に犬を生活のパートナーとする遊牧民の中華世界への進出があった。

典型的な中華料理とされるラーメン、肉まん、餃子の誕生に遊牧民が関係していることを、どれだけの人が知っているだろうか。知ったところで、それがどうしたと思うかもしれないが、中国の歴史は、漢民族だけがつくってきたものではない。中華文明の形成には、夷狄とか胡とよばれた北方遊牧民がいくども関わっている。そのことを知っておかないと、中華文明がなぜ滅びずに四〇〇〇年も続いているのかわからない。

遊牧民が中国に入って支配したとき、それまでの中華文明を否定し、破壊したわけではなかった。かといって、圧倒的な中華文明に飲み込まれてしまったわけでもない。遊牧民は中華文明のなかから必要なものを選択して受容した。と同時に、胡俗を持ち込んだ。ここに胡俗と漢俗の融合がうまれ、あらたな中華として再生される。その繰り返しが中国の歴史である。

本書では、その最初の融合をもたらした拓跋部《たくばつぶ》について取り上げ、拓跋部がどのようにして中華を受容したか、また彼らが持ち込んだ胡俗がどのように中華として定着していったのかを見てきた。本書を通じて、中華文明が創造される瞬間を体感してもらえたならば、私の目的は達成されたと思う。

あとがき

講談社の選書メチエ編集部から執筆依頼のお手紙をいただいたのが、二〇二二年二月はじめのことで、翌三月末には原稿を入れた。あまりの速さに驚かれてしまったが、じつは原稿は前々から用意していた。他の出版社のあるシリーズで北魏史を出せたらと野望を抱いていたため、数年前から構想を考えていたところに、新型コロナの流行によって大学がオンライン講義となり、北魏史に関する講義内容を文章化して学生に提供することになった。そのため依頼がきたときには、原稿はほぼ用意できたのである。とは言え、講義内容だけでは足らず、不足分を一ヵ月で補うにはそれなりの苦労もあり、尿管結石という代償も払った。そんなに慌てて書く必要はないのだが、せっかちな性格と、早く世に出したいという思いでがんばった。

編集担当の梶さんと何度かやり取りをしているうちに、北魏史の枠を超えて、五胡十六国から隋唐という前後を含む内容となった。これはある意味、うれしい誤算である。むしろこれによって北魏史や拓跋部の歴史的役割がより明確になったし、オリジナリティーも出せた。

私が研究をはじめた頃、最近の歴史学はタコツボ型で、自分の専門に閉じこもって歴史の流れや理論がさっぱり見えないと大家の先生方からお叱りを受けた。当時の私は専門分野に精いっぱいで、とても歴史の大きな流れを見通すことはできなかった。博士課程では論文を書いて博士号を取ることが目的となっていて、そのために論文になりそうなネタを探しては書くという繰り返し。それらにどのようなつながりがあって、どのような意味があるのか、見えてはいなかった。博士論文にまとめる際、谷川道雄先生の『隋唐帝国形成史論』を目標に「胡族体制論」という理屈を用意したが、付け焼刃感が強く、到底及ばないものであった。しかし最近になってようやく自分の研究の意味が見えるようになってきたし、説明できるようになってきた。

中華文明の形成に遊牧民がどのように関わってきたのかを明らかにすること。これが私の研究の目的である。これをようやく人前で言えるようになった。そう言えるだけの研究の蓄積ができたからであろう。また自分の専門とする時代や分野が、歴史的にどのような意味があるのかを、いろいろなところで学生などに説明しなければならなくなったことも影響している。

本書は、北魏や拓跋部について、多くを知らない人たちに興味をもってもらえるように書いたつもりである。また、北魏史を研究してみようかなと考えている人たち（学生・社会人問わず）を念頭に、研究方法やヒントを開示した。昨今、中国史離れがすすみ、研究者をめざす学生も少なくなっている。そうしたなかで、歴史学の研究のおもしろさに気づいてもらいたい。そして一人でも研究を志す人が出たらうれしい。ただし研究して大学に就職できるかどうか、それはまた別の問題。甘言に乗せられて大学院まで行ったが、就職できず路頭に迷っても、恨まないでほしい。でもどこにいても研究はできる。漫画「マスターキートン」の主人公のように情熱さえあれば。

本書の執筆にあたって、多くの方々に支えてもらった。研究者の方、職場の先生方、院生・学生諸君、朝日カルチャーセンター名古屋の受講生の皆さん、講談社の梶慎一郎さん、そして家族。この場を借りて感謝を申し述べておきたい。

大学の講義の期末試験で学生に「北魏とはどのような王朝と考えるか」を問うたが、その答えのなかに、「中国風遊牧国家」「胡漢文化のハーモニーを目指した王朝」「時代の最先端を走る新しいスタイルの中華王朝」という斬新な解答があり、気づかされるものがあった。今後も北魏史研究に邁進していきたいという思いを新たにした。

二〇二三年　三月

松下憲一

参考文献

史料

『史記』（司馬遷）『史記』中華書局　北京　二〇一四年
『漢書』（班固）『漢書』中華書局　北京　一九七五年
『後漢書』（范曄）『後漢書』中華書局　北京　一九七三年
『三国志』（陳寿）『三国志』中華書局　北京　一九八二年
『晋書』（房玄齢）『晋書』中華書局　北京　一九七四年
『宋書』（沈約）『宋書』中華書局　北京　一九七四年
『南斉書』（蕭子顕）『南斉書』中華書局　北京　一九八七年
『魏書』（魏収）『魏書』中華書局　北京　二〇一八年
『北斉書』（李百薬）『北斉書』中華書局　北京　一九九二年
『周書』（令孤徳棻）『周書』中華書局　北京　一九九五年
『隋書』（長孫無忌）『隋書』中華書局　北京　一九七三年
『旧唐書』（劉昫）『旧唐書』中華書局　北京　一九九一年
『新唐書』（欧陽脩）『新唐書』中華書局　北京　一九九一年
『北史』（李延寿）『北史』中華書局　北京　一九九五年
『新五代史』（欧陽脩）中華書局　北京　一九七四年
『資治通鑑』（司馬光）『資治通鑑』中華書局　北京　一九九二年
『翰苑』（張楚金）竹内理三校訂・解説『翰苑』大宰府天満宮文化研究所　一九七七年
『山海経』　袁珂『山海経校訳』上海古籍出版社　上海　一九九五年

『捜神記』（干宝）『漢魏六朝筆記小説大観』上海古籍出版社　上海　一九九九年。竹田晃訳　平凡社　一九六四年
『水経注』（酈道元）陳橋駅点校『水経注』上海古籍出版社　上海　一九九〇年。森鹿三・日比野丈夫訳『水経注（抄）』平凡社　一九七四年
『水経注図』（楊守敬）文海出版社　台北　一九六七年
『洛陽伽藍記』（楊衒之）周祖謨『洛陽伽藍記校釈』中華書局　北京　一九六三年。入矢義高訳注　平凡社　一九九〇年
『斉民要術』（賈思勰）繆啓愉『斉民要術校釈』中国農業出版社　北京　一九九八年。西山武一・熊代幸雄訳『斉民要術』アジア経済出版社　一九六九年。田中静一・小島麗逸・太田泰弘編訳『斉民要術　現存する最古の料理書』雄山閣出版　一九九七年
『顔氏家訓』（顔之推）王利器『顔氏家訓集解』中華書局　北京　一九九三年。宇都宮清吉訳『顔氏家訓』平凡社　一九六九年
『元和姓纂』（林宝）岑仲勉校記『元和姓纂』中華書局　北京　一九九四年
『廿二史劄記』（趙翼）王樹民校証『廿二史劄記校証』中華書局　北京　一九八四年
『春秋演孔図』『叢書集成三編』藝文印書館　台北　一九七一年
『北朝胡姓考』（姚薇元）中華書局　北京　一九六二年。修訂本　中華書局　北京　二〇〇七年
『漢魏南北朝墓誌彙編』（趙超）天津古籍出版社　上海　一九九二年。再版　天津古籍出版社　天津　二〇〇八年

文献

会田大輔『南北朝時代』中公新書　二〇二一年
内田吟風『北アジア史研究　鮮卑柔然突厥篇』同朋舎　一九七五年
内田吟風「北魏大邗城南碑文考」『龍谷史壇』九九・一〇〇号　一九九二年
尾形勇『中国歴史紀行』角川書店　一九九三年

岡田英弘『世界史の誕生―モンゴルの発展と伝統』ちくま文庫　一九九九年
岡田行弘「三十二大人相の成立」『勝呂信靜博士古稀記念論文集』山喜房佛書林　一九九六年
岡村秀典『雲岡石窟の考古学』臨川書店　二〇一七年
梶山智史「北魏国号考―石刻文献を中心に」『中国中古史的史実与想像国際学術研討会論文集』二〇一七年
勝畑冬実「北魏の郊甸と「畿上塞囲」」『東方学』九〇輯　一九九五年
川本芳昭『魏晋南北朝時代の民族問題』汲古書院　一九九八年
川本芳昭『東アジア古代における諸民族と国家』汲古書院　二〇一五年
関西中国女性史研究会編『中国女性史入門』人文書院　二〇〇五年
窪添慶文『魏晋南北朝官僚制研究』汲古書院　二〇〇三年
窪添慶文『墓誌を用いた北魏史研究』汲古書院　二〇一七年
窪添慶文『北魏史』東方書店　二〇二〇年
氣賀澤保規『則天武后』白帝社　一九九五年
氣賀澤保規編著『復刻　洛陽出土石刻時地記』汲古書院　二〇〇二年
佐川英治「北魏均田制の目的と展開―奴婢給田を中心として」『史学雑誌』第一一〇篇一号　二〇〇一年
佐川英治『中国古代都城の設計と思想』勉誠出版　二〇一六年
佐川英治「北魏道武帝の「部族解散」と高車部族に対する羈縻支配」宮宅潔編『多民族社会の軍事統治』京都大学学術出版会　二〇一八年
佐川英治「嘎仙洞石刻祝文にみる北魏王権の多元性」『東洋史苑』九六号　二〇二二年
佐藤智水「北魏皇帝の行幸について」『岡山大学文学部紀要』五　一九八四年
佐藤智水『北魏仏教史論考』岡山大学文学部　一九九八年
塩沢裕仁『千年帝都　洛陽』雄山閣　二〇一〇年
塩沢裕仁『後漢魏晋南北朝都城境域研究』雄山閣　二〇一三年

白鳥庫吉『塞外民族史研究』岩波書店　一九八六年
杉山正明『遊牧民から見た世界史』日本経済新聞社　一九九七年。増補版　二〇一一年
妹尾達彦『グローバル・ヒストリー』中央大学出版部　二〇一八年
竹内康浩『「正史」はいかに書かれてきたか』大修館書店　二〇〇二年
田中一輝「『魏書』序紀と魏収」『古代文化』七三巻三号　二〇二一年
田中静一・小島麗逸・太田泰弘編訳『斉民要術　現存する最古の料理書』雄山閣出版　一九九七年
谷川道雄『増補　隋唐帝国形成史論』筑摩書房　一九九八年
田村実造『中国史上の民族移動期』創文社　一九八五年
張競『中華料理の文化史』ちくま文庫　二〇一三年
塚本善隆『支那佛教史研究』弘文堂書房　一九四二年
戸川貴行「漢唐間における郊廟雅楽の楽曲通用」川原秀城編『中国の音楽文化―三千年の歴史と理論』勉誠出版　二〇一六年
西澤治彦『中国食事文化の研究』風響社　二〇〇九年
船木勝馬『古代遊牧騎馬民の国』誠文堂新光社　一九八九年
古松崇志『草原の制覇』岩波新書　シリーズ中国の歴史③　二〇二〇年
松下憲一『北魏胡族体制論』北海道大学出版会　二〇〇七年
松下憲一「「定襄之盛楽」と「雲中之盛楽」―鮮卑拓跋国家の都城と陵墓」『史朋』四〇号　二〇〇七年
松下憲一「北魏崔浩國史事件―法制からの再検討」『東洋史研究』六九巻二号　二〇一〇年
松下憲一「内蒙古白霊淖古城址の現況―北魏六鎮を考える」『愛知学院大学文学部紀要』四三号　二〇一三年
松下憲一「北魏部族解散再考―元萇墓誌を手がかりに」『史学雑誌』一二三編四号　二〇一四年
松下憲一「白道考―北朝隋唐時期的草原之道」『魏晋南北朝史的新探索』中国社会科学出版社　二〇一五年
松下憲一「試論北魏六鎮地望」『北方民族考古』科学出版社　二〇一六年

松下憲一「北魏の後宮制度」『北大史学』五六号　二〇一六年
松下憲一「后妃のゆくえ―北斉・北周の後宮」『愛知学院大学文学部紀要』第四六号　二〇一六年
松下憲一「北魏における皇位継承」『中国史学』二九巻　二〇一九年
三﨑良章『五胡十六国』東方書店　新訂版　二〇一二年
宮崎市定『隋の煬帝』中公文庫　一九八七年
森安孝夫『シルクロードと唐帝国』講談社　興亡の世界史05　二〇〇七年
吉岡真「北朝・隋唐支配層の推移」『岩波講座　世界歴史9』岩波書店　一九九九年
吉本道雅「魏書序紀考証」『史林』九三巻三号　二〇一〇年
ライト、アーサー・F『隋代史』布目潮渢・中川努訳　法律文化社　一九八二年
韓昇・蒙海亮「隋代鮮卑遺骨反映的拓跋部起源」『学術月刊』第一〇期　二〇一七年
李憑『北魏平城時代』社会科学出版社　二〇〇〇年。修訂本　上海古籍出版社　二〇一一年。劉可維・小尾孝夫・小野響訳　京都大学学術出版会　二〇二一年
呂一飛『胡族習俗与隋唐風韻』書目文献出版社　一九九四年
栄新江『ソグドから中国へ』汲古書院　二〇二一年
羅新『中古北族名号研究』北京大学出版社　二〇〇九年
羅新『黒氈上的北魏皇帝』海豚出版社　二〇二二年。修訂本　上海三聯書店　二〇一四年
山西大学歴史文化学院・山西省考古研究所・大同市博物館編『大同南郊北魏墓群』科学出版社　二〇〇六年
田余慶『拓跋史探』生活・読書・新知三聯書店　二〇一一年。田中一輝・王鏗訳『北魏道武帝の憂鬱』京都大学学術出版会　二〇一八年
周一良『魏晋南北朝史札記』中華書局　一九八五年

194, 208, 218-220, 224, 226
穆帝（拓跋猗盧）　49, 51, 52, 55-57, 67
冒頓単于　19, 20, 25, 47
北涼　35, 107, 108, 114, 125, 165, 182
墓誌　37, 69, 98, 99, 131, 152, 153, 165
慕容垂　72, 74, 98
慕容部　23, 31, 41, 45, 58, 73, 74, 76, 78, 92, 97
ホリンゴル　33, 63, 65, 67, 71

［マ・ヤ］

満洲語　21, 147
明元帝（太宗）　66, 79, 83, 85-88, 99, 104, 105, 111-114, 124, 149, 176, 203
明堂　155-157, 170
木蘭詩　223
遊牧王朝　10, 63, 89, 111, 166
遊牧国家　24, 35-37, 107
楊貴妃　211
煬帝（隋の）　209-211, 213, 215, 223, 228, 229
煬帝（代の）　57, 58
沃野鎮　176, 177, 184, 185, 187

［ラ・ワ］

洛陽　16, 48, 145, 146, 148, 159-166, 168-175, 182-184, 188-191, 202, 216, 224-226
『洛陽伽藍記』　162, 166, 168, 174, 175, 203
洛陽遷都　143, 145, 148, 151, 155, 157, 163, 165, 182
六鎮の乱　168, 184, 186-192, 194, 226
劉淵　52-55, 75, 97, 108, 119, 206, 207
龍城　107
劉備　198-200, 216
龍門石窟　163, 164, 167, 169
劉裕　109-111
劉曜　57, 108, 199
遼東　19, 20, 23, 26, 41, 60, 97
領民酋長　93, 94, 182, 189
李陵　30
霊丘　128
霊太后　169, 172, 173, 175, 188, 189, 202
レビレート　105, 116, 136, 204, 206-208, 210, 211
鹿苑　84, 156, 166
倭人　25

拓跋猗盧　→穆帝
拓跋珪　→道武帝
拓跋什翼犍　→昭成帝
拓跋力微　→神元帝
弾汗山　25, 40, 41
檀石槐　24-27, 31, 38-41, 80
中山　95, 141, 154, 191
長安　16, 61, 70, 98, 110, 122, 154, 160, 163, 190, 192, 219, 224
長城　9, 18, 111, 112, 156, 176
直筆　114, 115, 118
勅勒の歌　175, 176, 178
帝室十姓　36, 45, 82, 83, 225
鉄弗部　56, 60, 70, 73, 74, 91, 92, 97
テムジン　25
天王　59, 119
天柱大将軍　190
東魏　101, 176, 190-192, 209, 224
東胡　19-21, 39, 40, 76
道武帝（拓跋珪）　38, 49, 51, 65-67, 70-79, 81, 83-90, 92-98, 104, 112, 120, 124, 143, 144, 155, 166
統万城　106
独孤部　60, 70, 72-74, 85, 88, 91, 92, 97
吐谷渾　39, 107
敦煌　97, 168, 169
曇曜　124-126

［ナ・ハ］

内朝　58, 82, 97, 129-131, 142, 143, 146, 149
南巡碑　128, 129, 131, 132
農牧接壌地帯　18, 19
バイカル湖　25, 32
廃仏　120-122
白登山　48, 84
莫弗　181
八王の乱　52, 171
八国　91, 94, 95, 97
八姓　150, 151
破六韓抜陵　184, 185
淝水の戦い　109
廟号　37, 38, 143
復仏　123
苻堅　29, 60, 62, 109, 199
武川鎮　176, 182, 185, 191, 193, 194
部族解散　70, 89, 90, 95
部大人　59, 94, 138
仏図澄　119
フフホト　41, 63, 71, 185, 204
フルン湖　33, 40, 67
武霊王　17, 18, 128
符籙　121
粉食　214, 228, 229
文成帝　66, 79, 121, 123, 124, 128, 135, 136, 182
文明太后　107, 134-138, 140-142, 154, 172, 188, 202
平城　48, 56, 67, 81, 83, 87, 100, 106, 111-113, 123-125, 145, 154-157, 163, 166
平陽　97, 154
編戸　90, 92, 93
編年体　114
辮髪　20, 22, 116
坊　156, 162, 163, 166, 171
法果　120
方山　137, 140, 141
邙山　146, 161, 164, 165, 173
俸禄制　138
北周　13, 38, 120, 145, 147, 168, 182, 193, 194, 196, 219, 220, 224-226
北斉　36, 37, 147, 168, 184, 192-

爾朱栄　85, 175, 189-192, 202
四姓　150
始祖　21, 29, 37, 38, 56, 80, 81
司馬睿　108
司馬炎　199
司馬金龍　133
沙門統　124
『周書』 193, 196
柔然　35, 36, 73, 106, 111, 135, 169, 176, 182, 184, 185, 187, 189
酋長　59, 93, 94, 182, 189
秀容　189, 203, 225
『十六国春秋』 53, 144
寿丘里　172, 173
『春秋演孔図』 197, 198, 201
上谷　51, 74, 95, 111, 185, 191
襄国　59, 119
昭成帝（拓跋什翼犍） 29, 49, 58-62, 64-67, 70, 71, 74, 88, 130
女国　57
女真族　10, 224
庶長　59, 93, 94
シラムレン河　20, 41
真　129, 130
神元帝（拓跋力微） 21, 29, 38, 41, 44-51, 63-65, 67, 72, 80, 81, 101
真人代歌　38, 39, 113, 114
推寅　28, 41, 80
『水経注』 64, 128, 180
スキタイ　22
西魏　36, 99, 101, 182, 190-194, 219, 224, 225
西郊祭天　81-83, 117, 143, 146
姓族詳定　143, 150, 152, 153, 182, 183, 225, 226
『斉民要術』 214, 215, 223
盛楽　21, 29, 33, 47, 51, 56, 63-67, 71, 72, 80
石虎　59, 97, 119, 163, 170, 223
赤城　111
石勒　59, 119
単于　36, 47, 193
『山海経』 39-41
善無　94, 95
宣武帝　77, 79, 152, 162-165, 187, 202
則天武后　164, 201, 204, 211
ソグド人　97, 149, 188, 218, 220
族滅　117, 118

［タ］

大邗城　55, 56, 72
『代記』 38, 114
大逆　117, 118
太極殿　156, 162, 163, 166, 171
代郡　24, 51, 63, 95
大興安嶺　32, 41
太行山脈　141
代国　49, 53, 56, 57, 60, 61, 70-72, 74, 89, 100, 101, 125, 144, 150
代人　90, 91, 95-97, 100, 106, 143, 149, 152, 164, 182, 183, 194, 226
代人集団　70, 97, 98, 182, 225
大青山　176, 177, 179, 181
代遷戸　182, 183
大鮮卑山　28, 30, 31, 33, 34, 39-41, 80
太宗（唐の） 62, 201, 225
太宗（北魏の） →明元帝
大代　69, 70, 99-101, 125, 137, 157
大沢　28, 33, 34, 39-41, 67
代都　31, 80, 100
太武帝　32, 35, 53, 66, 75, 77, 79, 104-108, 111-115, 117, 118, 120-124, 165, 176, 181
泰平真君　121

154, 189, 190
均田制　16, 76, 134, 138-140, 224
金陵　64-66, 140, 154, 155
句注陘　56
九六城　160, 163, 170
計口受田　76, 139
景穆太子（景穆帝）　66, 122, 124, 148
ケシクテン　58, 130
建康　108-111, 190, 200
元萇墓誌　94, 138
献文帝　65, 66, 77, 121, 135-137, 182, 225
高允　114, 115, 118
黄河　3, 18, 52, 63, 73, 74, 94, 95, 106, 111, 165, 189, 219
高歓　176, 178, 184, 190-192, 194, 208
後宮　38, 82, 85, 86, 135, 137, 153, 187, 201-204, 207-211
後仇池　107, 108
侯景　190, 191
寇謙之　121
高車　60, 73, 83, 84, 90, 92, 93, 156, 176, 181, 185
孝静帝　190
孝荘帝　77, 79, 189, 190, 192
黄帝　28, 29, 39, 40, 56, 72, 78, 80, 193
郊甸　78, 95, 111, 112
郊天壇　48, 81, 114, 156, 166
孝武帝　77, 79, 110, 190
孝文帝　13, 66, 84, 134-137, 140-157, 159, 160, 163-165, 168, 170, 173, 183, 188, 189, 192, 194, 202, 224-226
高平鎮　184, 185
孝明帝　77, 79, 164, 172, 183, 185, 187-189, 202
呼韓邪単于　34, 204, 205
五行　29, 78, 144, 216
国語　146, 147
国史事件　104, 115
五原　52, 94, 95, 111, 176, 185
胡語　14, 134, 142, 143, 146, 147, 150, 176
五胡　52, 53, 59, 97, 98, 108-110, 112, 119, 207
胡姓　14, 143, 146, 148, 192, 194
姑臧　97, 108
古代書簡　97
五帝　29, 39
ゴビ　52, 60, 106, 176
胡琵琶　12, 215, 218, 220
胡服　14, 17, 120, 134, 142, 143, 146-148, 216, 217, 227
胡餅　228

［サ］

細君　205, 206
崔浩　104, 112-115, 117-119, 121, 122
崔鴻　53, 144
索頭虜　20
索虜　67, 83, 105
ササン朝　141, 169
ザバイカリエ　40
沙漠汗　48, 50, 52, 72
参合陂　74, 95
参合陂の戦い　74
三長制　134, 138
三武一宗の法難　121
子貴母死　47, 66, 70, 86-88, 104, 105, 135, 136, 187, 188
俟懃　94, 138
始皇帝　18, 75, 216, 228, 229

索引

［ア］

閼氏　36, 205
阿那瓌　184, 185, 189, 209
異形　196-198, 200, 201
緯書　197
夷狄　10, 12, 18, 30, 119, 224, 229
陰山　35, 60, 73, 83, 84, 93, 95, 154, 176, 177, 181
烏丸　19, 20, 23, 36, 46, 47, 52, 57, 116, 221
烏孫　25, 57, 205
宇宙大将軍　190
宇文泰　190-192, 194, 196
宇文部　45, 51, 52, 58, 74, 91, 92
烏洛侯国　31-35
羽林の変　183, 188, 191
雲崗石窟　5, 103, 120, 123, 125, 126, 137, 141, 163, 217
雲中　52, 60, 63-66, 83, 106, 140, 182, 185, 191
永固陵　140, 141, 154, 155
永寧寺　170, 171, 174, 188
円丘　81, 155, 160, 163, 166, 169, 171
王粛　153, 170
王昭君　204, 205, 206
王沈　19, 21, 23, 26, 39, 41, 46, 72, 116, 221
オルドス　3, 18, 52, 56, 60, 73, 74, 83, 94, 106, 184, 185, 225

［カ］

蓋呉　111, 112, 122
懐朔鎮　94, 175-178, 184, 185, 191
河陰の変　173, 175, 189
可汗　35, 36, 80, 86, 94, 117, 121, 130, 142
赫連勃勃　56
嘎仙洞　15, 32-34, 40, 67
嘎仙洞碑文　33, 37, 117
可敦　35, 36, 86, 117
賀蘭部　45, 58, 70, 71, 73, 74, 88, 91, 92, 93, 96, 97
漢化政策　13, 134, 142, 151, 168
監国　105
『顔氏家訓』　218, 219
顔之推　218, 219
雁臣　146, 169, 189
雁門　40
魏収　27, 36-38, 45, 56, 80
畿上塞囲　111, 112, 156
畿内　78, 91, 95, 97, 98, 111, 112, 162, 182
騎馬女子　224
騎馬遊牧民　17, 18, 22
却霜　83
牛川　71
九品官人法　110
宮楽図　12, 13, 195, 215, 218, 223
鄴　34, 59, 75, 76, 107, 112, 113, 115, 119, 128, 154, 163, 170, 174, 190, 192, 219, 220
匈奴　17-26, 28, 30, 36, 39, 47, 51, 52, 54, 57, 59, 75, 76, 85, 97, 108, 119, 147, 159, 185, 189, 193, 204, 205, 207, 221
玉璽　75
金人鋳造　70, 84, 85, 105, 143,

松下憲一（まつした・けんいち）

一九七一年、静岡県生まれ。二〇〇一年、北海道大学大学院文学研究科博士後期課程東洋史学専攻修了。博士（文学）。現在、愛知学院大学文学部教授。主な著書に『北魏胡族体制論』（北海道大学出版会）、共編著に『教養の中国史』（ミネルヴァ書房）、論文に「后妃のゆくえ—北斉・北周の後宮」（『愛知学院大学文学部紀要』第四六号）、「北魏における皇位継承」（『中国史学』二九巻）などがある。

2014年、モンゴル国ヘンティー県にて

中華《ちゅうか》を生《う》んだ遊牧民《ゆうぼくみん》

鮮卑拓跋《せんぴたくばつ》の歴史《れきし》

二〇二三年　五月一一日　第一刷発行
二〇二四年　四月一五日　第五刷発行

著者　松下憲一《まつしたけんいち》

発行者　森田浩章
発行所　株式会社　講談社
東京都文京区音羽二丁目一二―二一　〒一一二―八〇〇一
電話（編集）〇三―五三九五―三五一二
（販売）〇三―五三九五―五八一七
（業務）〇三―五三九五―三六一五

KODANSHA

装幀者　奥定泰之
本文データ制作　講談社デジタル製作
本文印刷　株式会社新藤慶昌堂
カバー・表紙印刷　半七写真印刷工業株式会社
製本所　大口製本印刷株式会社

ISBN978-4-06-531839-3　Printed in Japan　N.D.C.220　243p　19cm

講談社選書メチエの再出発に際して

講談社選書メチエの創刊は冷戦終結後まもない一九九四年のことである。長く続いた東西対立の終わりはついに世界に平和をもたらすかに思われたが、その期待はすぐに裏切られた。超大国による新たな戦争、吹き荒れる民族主義の嵐……世界は向かうべき道を見失った。そのような時代の中で、書物のもたらす知識が一人一人の指針となることを願って、本選書は刊行された。

それから二五年、世界はさらに大きく変わった。特に知識をめぐる環境は世界史的な変化をこうむったとすら言える。インターネットによる情報化革命は、知識の徹底的な民主化を推し進めた。誰もがどこでも自由に知識を入手でき、自由に知識を発信できる。それは、冷戦終結後に抱いた期待を裏切られた私たちのもとに差した一条の光明でもあった。

その光明は今も消え去ってはいない。しかし、私たちは同時に、知識の民主化が知識の失墜をも生み出すという逆説を生きている。堅く揺るぎない知識も消費されるだけの不確かな情報に埋もれることを余儀なくされ、不確かな情報が人々の憎悪をかき立てる時代が今、訪れている。

この不確かな時代、不確かさが憎悪を生み出す時代にあって必要なのは、一人一人が堅く揺るぎない知識を得、生きていくための道標を得ることである。

フランス語の「メチエ」という言葉は、人が生きていくために必要とする職、経験によって身につけられる技術を意味する。選書メチエは、読者が磨き上げられた経験のもとに紡ぎ出される思索に触れ、生きるための技術と知識を手に入れる機会を提供することを目指している。万人にそのような機会が提供されたとき初めて、知識は真に民主化され、憎悪を乗り越える平和への道が拓けると私たちは固く信ずる。

この宣言をもって、講談社選書メチエ再出発の辞とするものである。

二〇一九年二月　　野間省伸

講談社選書メチエ　世界史

MÉTIER

英国ユダヤ人　佐藤唯行
オスマン vs. ヨーロッパ　新井政美
ポル・ポト〈革命〉史　山田　寛
世界のなかの日清韓関係史　岡本隆司
アーリア人　青木　健
ハプスブルクとオスマン帝国　河野　淳
「三国志」の政治と思想　渡邉義浩
海洋帝国興隆史　玉木俊明
軍人皇帝のローマ　井上文則
世界史の図式　岩崎育夫
ロシアあるいは対立の亡霊　乗松亨平
都市の起源　小泉龍人
英語の帝国　平田雅博
アメリカ　異形の制度空間　西谷　修
異端カタリ派の歴史　ミシェル・ロクベール　武藤剛史訳
ジャズ・アンバサダーズ　齋藤嘉臣
モンゴル帝国誕生　白石典之

〈海賊〉の大英帝国　薩摩真介
フランス史　ギヨーム・ド・ベルティエ・ド・ソヴィニー　鹿島　茂監訳／楠瀬正浩訳
地中海の十字路＝シチリアの歴史　藤澤房俊
月下の犯罪　サーシャ・バッチャーニ　伊東信宏訳
シルクロード世界史　森安孝夫
黄禍論　廣部　泉
イスラエルの起源　鶴見太郎
近代アジアの啓蒙思想家　岩崎育夫
銭躍る東シナ海　大田由紀夫
スパルタを夢見た第三帝国　曽田長人
メランコリーの文化史　谷川多佳子
アトランティス＝ムーの系譜学　庄子大亮
中国パンダ外交史　家永真幸
越境の中国史　菊池秀明